FAIRE DU VÉLO À PARIS

LAURA MATESCO

FAIRE DU VÉLO À PARIS

BOUTIQUES, ATELIERS ET BALADES

PARIGRAMME

À Milo et Nina, qui font du vélo sans les mains.
Avec vous tout roule !

N'hésitez pas à nous écrire : **parigramme@parigramme.fr**

Sommaire

Introduction

Depuis quelques années, que ce soit pour le quotidien ou les loisirs, les Parisiens plébiscitent de plus en plus la petite reine. Écologique, économique, utile, objet de mode ou de collection, le vélo a enfin réussi à s'imposer sur les pavés de la capitale. Il faut dire que la ville, de par sa petite superficie, se prête tout particulièrement à l'exercice de la bicyclette : aux heures de pointe, la traversée de Paris, de la porte de la Chapelle à la porte d'Orléans, se fait en seulement quarante minutes, contre plus d'une heure en voiture.

Instrument de liberté, symbole de la transition écologique... La pratique du vélo vous séduit mais vous craignez encore de vous mettre en selle ? Vous trouverez dans ce guide toutes les astuces pour bien choisir votre monture, la faire réparer, vous équiper, circuler en toute sécurité, et vous lancer sans risque à l'assaut des pistes... cyclables !

1

Boutiques, ateliers et associations cyclistes

À PARIS, À VÉLO, ON DÉPASSE LES AUTOS

Le vélo favorise aussi la ponctualité, les études le prouvent ! Il n'est soumis ni aux aléas des embouteillages ni aux galères du stationnement… Résultat : à Paris, on va plus vite en moyenne en bicyclette “musculaire” (15 km/h) qu'en voiture (14 km/h).

Quelques exemples de temps de trajet :

Porte Maillot – Porte de Bercy.................................37 minutes
Porte de Clignancourt – Porte d'Orléans..........41 minutes
Gare du Nord – Bastille..16 minutes
Gare Saint-Lazare – Invalides...............................12 minutes
Porte de Clichy – Tour Eiffel..................................26 minutes
Place de la Concorde – La Défense.....................32 minutes

Cycles Saint Honoré

156, rue Saint-Honoré, 1er • M° Louvre-Rivoli
Tél. 01 42 60 06 19

Fermé le samedi matin et le dimanche

cyclesainthonore.fr

VÉLOS HAUT DE GAMME • Située à deux pas du Louvre, cette boutique à l'élégante façade noire est tout à fait dans le ton des luxueuses enseignes de la rue Saint-Honoré. Ici, vous craquerez pour les lignes racées d'un vélo de course italien (Pinarello ou Basso, entre autres) ou pour la robustesse du dernier modèle de VAE Cannondale. Le patron, François Lévy, est expert en étude posturale – il positionne notamment les pros du Stade français et les champions de triathlon – et fait depuis vingt ans la réputation des Cycles Saint Honoré. Pour les plus sportifs, ce passionné organise aussi des sorties au départ de Paris : elles font, en général, entre 80 et 130 kilomètres. Pour en être, il faut passer le voir, et votre capital sympathie fera la différence ! Côté accessoires, malgré la taille modeste des lieux, on trouve l'essentiel : chaussures, maillots, GPS... Dans l'atelier, on répare tout type de vélo à des prix raisonnables (crevaison facturée entre 20 et 30 € selon le modèle, y compris les vélos hollandais).

Recovélo

11, rue Saint-Augustin, 2e • M° Quatre-Septembre

reco-velo.fr

ÉCOLOGIQUE ET ÉCONOMIQUE • Vélos volés n'ayant jamais retrouvé leur propriétaire, bicyclettes oubliées au fond d'une cave ou au coin d'une rue... Aux Pays-Bas, des milliers de vélos atterrissent chaque année dans les stocks de la fourrière. En 2016, des étudiants ont eu l'idée géniale d'offrir une nouvelle vie à ces innombrables deux-roues abandonnés. Recovélo, filiale française de cette entreprise néerlandaise, récupère des milliers de vélos qui sont ensuite remis en état dans des ateliers employant des jeunes en difficulté. Les vélos reconditionnés sont ensuite vendus à des prix raisonnables – une centaine d'euros –, sur leur site mais aussi, depuis peu, dans certains Monoprix parisiens (Montparnasse, Beaugrenelle, Passy, Nation). Idéal pour ceux qui cherchent à la fois un vélo à petit prix et une réduction de leur empreinte écologique.

Shirokuma

24, rue Tiquetonne, 2ᵉ • M° Étienne-Marcel • Tél. 01 44 82 00 32

Fermé le dimanche

shirokuma.fr

AVIS AUX CYCLISTES GOURMANDS • À la fois marchand de cycles, atelier et café, Shirokuma tient son nom, écrit en lettres d'or sur la vitrine de la rue Tiquetonne, du projet de départ des trois associés. Antoine, Maxime et Gauthier voulaient ouvrir une boutique spécialisée dans le vélo de piste japonais. Finalement, c'est le Tout-Paris du fixie qui se réunit ici : on y chine de beaux vélos de piste de seconde main, retapés avec passion, mais aussi toutes sortes de pièces vintage introuvables ailleurs. Dans l'atelier, les deux mécaniciens en connaissent un rayon et acceptent tout type de réparation. C'est aussi souvent le point d'arrivée des fameuses *rides* des Okami, un collectif de cyclistes qui regroupe amateurs comme passionnés, enfants comme seniors, pour des parcours à travers Paris. Enfin, nombreux sont ceux qui se pressent au comptoir du *coffee shop*, pour déguster l'un des meilleurs hot-dogs de Paris, des pâtisseries maison et un excellent café, en direct de la Brûlerie de Belleville. *What else ?*

Blue Marble

2, rue Dussoubs, 2e • M° Étienne-Marcel • Tél. 01 42 36 02 34 ou 06 71 65 11 96

Fermé le dimanche

bluemarble.org

PUISQUE VOUS PARTEZ EN VOYAGE… • Cette agence spécialisée dans le cyclotourisme tient son nom d'une célèbre photographie de la Terre prise par l'équipage d'Apollo 17 : à une distance de 45 000 kilomètres, notre planète semblait être une minuscule bille bleue – *blue marble* en anglais. C'est celle-ci que l'équipe vous propose de parcourir à vélo, avec un guide ou en indépendant. La clientèle, majoritairement anglophone, apprécie depuis trente ans la qualité des circuits mis au point. Loin du tourisme de masse, le voyage à vélo permet de profiter des destinations en mode "*slow*". "Celui qui veut voyager heureux doit voyager léger", écrivait Saint-Exupéry. Outre l'organisation du voyage, Blue Marble loue également des vélos de toutes sortes – tandems, grandes randonneuses (conçues pour parcourir le monde !) – et les expédie dans toute la France. Enfin, depuis peu, l'atelier de réparation a ouvert aux cyclistes parisiens, pour leur plus grand bonheur. Accueil chaleureux et travail sérieux garantis par le Franco-Américano-Sicilien Roger Hobby. Quand on vous dit qu'ils ont le voyage dans la peau !

Jitensha

20, rue de Thorigny, 3e • M° Saint-Sébastien-Froissart • Tél. 01 82 88 03 85

Uniquement sur rendez-vous

jitensha.fr

LE CHIC À LA JAPONAISE • Un vélo sur semi-mesure, super-performant et élégant, inspiré de l'art de vivre nippon : voici ce que propose cette jeune marque française dont le nom signifie "vélo" en japonais. La formule est simple : on choisit son cadre (Tokyo pour un cadre haut ou Paris pour un cadre ouvert), la couleur (on hésite entre Kuri, une superbe teinte café, ou Matcha, un vert inspiré du fameux thé), la forme du guidon, le type de selle (notamment les splendides selles Brooks en cuir) et de poignées, ainsi que la technologie que l'on souhaite utiliser. Par exemple, le *single speed* : à vitesse unique, sans dérailleur, simple et fiable, c'est l'ADN du vélo tokyoïte. On pourra opter également pour un vélo *2 speeds* (la deuxième vitesse passe automatiquement dès que l'on excède les 18 kilomètres/heure), ou une assistance électrique ultra-légère – le vélo, batterie incluse, ne pèse que 13 petits kilos – et commandée en Bluetooth via son téléphone. Une fois toutes les options définies, le vélo est assemblé à la main à Annecy, puis expédié chez vous sous deux à trois semaines.

Bicycle Store

17, boulevard du Temple, 3e • M° Filles-du-Calvaire ou Oberkampf
Tél. 09 52 66 31 65

Fermé le dimanche

bicyclestore.fr

À LA POINTE • Animé par une équipe de cyclistes passionnés, le Bicycle Store du boulevard du Temple propose des vélos urbains difficiles à trouver ailleurs, comme l'élégant Tokyo Bike, produit par une petite marque japonaise indépendante. Conçu pour se balader dans les quartiers de Tokyo, il est léger, maniable et également parfaitement adapté à la vie parisienne. Pour ceux qui préfèrent une seule monture pour "vélotaffer" en semaine et s'évader le week-end, la boutique offre une sélection de vélos gravel, comme le RNR, vélo "à tout faire" de la marque francilienne Girs. Enfin, le rayon vélos électriques propose des marques classiques comme Moustache, Giant, ou encore Brompton et ses vélos pliants. Pour les plus sportifs, un peu plus loin sur le même trottoir, se trouve le Triathlon Store, seul magasin de Paris à commercialiser des vélos de triathlon. On y retrouvera la même équipe, sympathique et pleine de bons conseils. Deux adresses précieuses !

Ecox

23, rue de Rivoli, 4e • M° Saint-Paul • Tél. 01 42 71 56 39

Fermé le dimanche et le lundi

ecox.fr

LA FÉE ÉLECTRICITÉ • Voici une enseigne incontournable pour ceux qui veulent passer à l'assistance électrique. Fondée par deux amis qui souhaitaient, il y a quatorze ans, trouver une alternative à la voiture, Ecox compte aujourd'hui six boutiques à Paris et une petite dizaine en France. Parmi la sélection de modèles neufs, beaucoup de marques françaises (Moustache, Peugeot, Gitane), ainsi que Cannondale, marque américaine, et Haibike, marque allemande au très bon rapport qualité-prix. Également trois marques de vélos cargo : Urban Arrow, Winora et Yuba, qui propose aussi un *longtail*. N'hésitez pas à demander à faire un essai ! Les accessoires à la vente répondent aux besoins du cycliste urbain : vêtements de pluie, casque, bagagerie... tout pour affronter les rues parisiennes. Des vélos d'occasion, entretenus sur place, sont également disponibles à des prix intéressants. Enfin, l'atelier du magasin répare toutes sortes de vélos électriques (sauf marques Internet), sur rendez-vous.

JE SUIS À VÉLO, L'ÉLÉGANCE RETROUVÉE

Rien ne doit être laissé au hasard pour continuer à pédaler malgré la tombée de la nuit ou les intempéries. Caroline Labroue est partie de ce principe en lançant, en juin 2019, une boutique en ligne destinée à réunir ce qui se fait de mieux en termes d'équipement cycliste. Avec son associé Publio Crété, elle a sélectionné éclairages, gants, tours de cou, pantalons étanches et autres capes de pluie, pour affronter les éléments quand la température descend et arriver à destination dans un état présentable ! En avril 2021, les deux compères lancent une première ligne d'accessoires maison comme une jupe de pluie et des sur-chaussures designées par une créatrice dublinoise. C'est le site idéal pour faire plaisir à un cycliste !

jesuisavelo.com

Le Peloton

17, rue du Pont-Louis-Philippe, 4e • M° Saint-Paul
Tél. 06 18 80 84 92

Ouvert tous les jours

lepelotoncafe.cc

LE MAILLOT JAUNE DU MARAIS • Neuf heures du matin, dans le Marais : les habitués du quartier se pressent au comptoir du Peloton Café pour commander un latte, torréfié par les Cafés Belleville, et quelques pâtisseries anglo-saxonnes. Christian Osburn et Paul Barron, à l'origine des visites guidées Bike About Tours, ont voulu créer une communauté autour de leur passion du vélo et du café de qualité. C'est réussi car, dès le seuil franchi, on se sent comme à la maison ! Ici, vous pourrez donc louer des vélos, vous inscrire à des visites guidées dans Paris, effectuer votre première sortie sur un vélo de course (le vélo est fourni par Le Peloton, pour une balade d'environ 40 kilomètres) et intégrer le Peloton Club Ride, qui propose des balades accessibles à tous les cyclistes (Social Ride pour tout type de vélo, Endurance Ride pour les vélos de route). S'inscrire sur le groupe WhatsApp pour recevoir le planning des sorties.

Maison du Vélo

37, boulevard Bourdon, 4e • M° Bastille
Tél. 01 43 20 26 02

Fermé le samedi, le dimanche et le lundi

Facebook : Maisonduvelo.paris

TOUS EN SELLE ! • Née d'un partenariat entre la Ville de Paris et trois associations – Mieux se déplacer à bicyclette (MDB), Animation Insertion Culture Vélo (AICV), et Vélorution –, la Maison du Vélo milite pour une Île-de-France cyclable et accueille toute l'année des conférences et des expositions autour du vélo. Avis à ceux qui n'ont pas peur de mettre les mains dans le cambouis : c'est ici que les bénévoles de l'association Vélorution proposent chaque semaine des ateliers réparation, chapeautés par des mécaniciens prêts à partager leur savoir-faire avec tout cycliste désireux d'entretenir lui-même sa monture ! Depuis peu, l'atelier du mercredi est réservé aux femmes (histoire de ne pas s'entendre dire "Je vais te le faire, ma cocotte"). À surveiller également, les rendez-vous de marquage Bicycode, un dispositif qui facilite la restitution du vélo à son propriétaire en cas de vol ou de perte. Enfin, l'AICV donne des leçons de conduite aux cyclistes débutants, et aux enfants pendant les vacances scolaires (voir p. 22-23).

À Vos Vélos

15, boulevard Saint-Germain, 5e • M° Maubert-Mutualité
Tél. 01 83 92 85 29

Fermé le lundi

avosvelos.com

L'AUTRE PAYS DU VÉLO • Idéalement situé au tout début du boulevard Saint-Germain, à deux pas des quais de Seine, À Vos Vélos propose un large choix de vélos d'occasion à petit prix, entre 150 et 300 €. Le propriétaire, Samy Djail, va régulièrement les chercher en Hollande avant de les bichonner dans son atelier. C'est aussi une excellente adresse pour les réparations : avec deux sites, celles-ci sont presque toujours effectuées dans la journée. Si vous cherchez plutôt un vélo neuf, le magasin commercialise les marques MBM et Lombardo, et la première révision est offerte. Enfin, vous pouvez louer des vélos en les réservant sur le formulaire en ligne. Et comme la boutique est ouverte le dimanche, c'est l'endroit idéal pour démarrer votre balade dominicale !

ÊTRE UN BON CYCLISTE, ÇA S'APPREND

Non, la bicyclette n'est pas un moyen de déplacement dangereux. L'étude de l'Observatoire régional de santé (ORS) d'Île-de-France indique même que les bénéfices de la pratique du vélo sont vingt fois supérieurs à ses risques. Mais pour parvenir rapidement et sûrement à bon port, mieux vaut connaître et respecter le code du cycliste ! Voici trois écoles qui vous aideront à acquérir les bons réflexes avant de vous lancer.

ANIMATION INSERTION CULTURE VÉLO (AICV)

Parc de la Villette, 19e • M° Ourcq
aicv.net/velo-ecole

L'association parisienne, située au bord du canal de l'Ourcq (voir p. 75), a mis en place une vélo-école spécialisée dans les cours pour adultes. Pour les débutants, ou pour ceux qui souhaitent se remettre en selle, les cours ont lieu les mercredis et samedis de 9h45 à 12h. Pendant les vacances scolaires, l'association propose également des stages à l'intention des enfants. Ils se déroulent à la

Maison du Vélo, métro Bastille, ou à l'AICV, métro Ourcq. Tarif pour dix cours de deux heures (valable six mois) : 120 €, (100 € pour les étudiants et les chômeurs). Forfait "Remise en selle" de cinq séances : 70 €. Les vélos sont fournis par l'association.

VÉLO-ÉCOLE DU 20e

Square Emmanuel-Fleury, 20e
M° Saint-Fargeau
veloecole20.org

L'association Vélo-école du 20e anime une vélo-école dans le quartier des Portes du Vingtième, afin de former des adultes à utiliser le vélo comme mode de déplacement urbain. Elle organise ses cours dans l'allée du square Emmanuel-Fleury, tous les samedis de 10h à 12h. Les vélos sont fournis et les frais d'inscription sont très abordables : 40 € pour environ dix séances de cours (valable un an). Inscriptions sur le site Internet.

DÉVELOPPEMENT ANIMATION VÉLO SOLIDAIRE (DAVS)

17, boulevard Jourdan, 14e • RER B Cité-Universitaire
Tél. 07 77 07 06 95
assodavs.com

L'association DAVS met en place des projets sociaux, culturels et sportifs autour de la pratique et de l'apprentissage du vélo. Avec la Vélo-école Paris Sud, installée dans le parc de la Cité internationale universitaire de Paris, elle accompagne les adultes inexpérimentés dans la découverte de l'exercice du vélo. Pendant les vacances scolaires, des stages accueillent les enfants à partir de 5 ans. Les inscriptions s'effectuent sur le site de l'association, qui fournit les vélos. Le forfait de cinq cours vous coûtera 90 €, celui pour dix cours 150 € (adhésion incluse).

Altermove

51, rue Claude-Bernard, 5e • M° Censier-Daubenton
Tél. 01 45 35 30 75

Fermé le dimanche et le lundi

altermove.com

NOUVEAUX USAGES • Spécialiste du vélo électrique, le réseau Altermove compte quatre boutiques dans Paris. Celle du quartier Luxembourg, reconnaissable à sa façade rouge brique, propose une vaste sélection de deux-roues électriques (Beaufort, Brompton, Eovolt, Gazelle, Kalkhoff, Lapierre, O2feel ou SUPER73), mais aussi de nombreux autres modes de déplacement comme des trottinettes, des *hoverboards* et des gyroroues, que vous pourrez essayer dans le quartier avant d'investir. Au rayon accessoires, le choix est large, des casques éclairés Nutcase Vio pour être visible la nuit aux sièges bébé Bobike. L'équipe de l'atelier de réparation, spécialisée en vélos et trottinettes électriques, est très pédagogue. Bon à savoir : mieux vaut prendre rendez-vous, et il n'y a pas de réparations le samedi.

Les Nouveaux Cyclistes

8, rue Littré, 6ᵉ • M° Saint-Placide
Tél. 01 58 90 15 47

Fermé le dimanche

Autre adresse sur le site lesnouveauxcyclistes.com

WE ARE FAMILY • Ces experts proposent une large gamme de vélos à assistance électrique, pour tous les âges et tous les usages. Si vous cherchez un mode de transport familial, vous devriez trouver ici votre bonheur : essayez le Babboe City-E, un cargo biporteur qui permet de transporter jusqu'à quatre enfants dans un bac en bois situé à l'avant, le vélo cargo Kiffy Capsule MT, un modèle *longtail* conçu pour supporter deux enfants à l'arrière, ou encore le Equo Cargo Power de chez O2feel – la petite marque française qui monte. La première révision est gratuite, et l'atelier de réparation vous accueille sur rendez-vous pour tout type de vélo, sauf hollandais.

Les Vélos Parisiens

3, rue de l'Abbé-Grégoire, 6e • M° Vaneau • Tél. 01 45 44 72 97

Fermé le dimanche et le lundi

lesvelosparisiens.fr

PIONNIER • Les Vélos Parisiens, ce sont en réalité deux boutiques : à gauche, l'atelier, à droite, un magasin qui propose de nombreux accessoires et des vélos, neufs et d'occasion. Sébastien Reboux a ouvert cette adresse près du Bon Marché en 1997, bien avant la création des pistes cyclables parisiennes. À l'époque, le vélo avait presque disparu des rues de la capitale, mais sa philosophie – être libre et toujours à l'heure – avait déjà convaincu le maître des lieux. Aujourd'hui, il offre une sélection de vélos urbains haut de gamme adaptés aux "vélotaffeurs" – les français Cavale et Moustache, les finlandais Pelago. Pour ceux qui veulent transporter leur petite famille, son choix s'est porté sur la marque allemande Riese & Müller et ses vélos électriques cargo, robustes et fiables. La clientèle du quartier profite de l'atelier qui accepte toutes réparations (sauf marques Internet). Et si jamais l'envie vous prenait de partir faire le tour du monde à vélo, n'hésitez pas à demander conseil, l'équipe a l'expérience du voyage !

En Selle Marcel

26, boulevard Raspail, 7e • M° Sèvres-Babylone • Tél. 01 43 25 98 42

Fermé le dimanche

ensellemarcel.com

LE *CONCEPT STORE* DU CYCLISME URBAIN • C'est le *concept store* de la mobilité urbaine écologique, la boutique tendance *green* qui vous fera faire des folies... Côté vélos, une dizaine de marques classiques ou électriques, avec quelques spécimens rares, comme les modèles Viktor et Ludwig VIII de Schindelhauer. Cette petite firme berlinoise a la particularité de proposer des vélos haut de gamme équipés d'une transmission à courroie ultra-résistante. Côté accessoires, la bagagerie *made in France* Le Glacier, les selles en cuir Brooks England, ou encore les sonnettes en or brossé Crane Bell, fabriquées au Japon, relookeraient n'importe quel vieux biclou. Et pour les cadeaux, l'espace librairie offre une sélection d'ouvrages consacrés à la petite reine. L'atelier de réparation donne priorité aux vélos achetés en magasin, mais dépannera tous les types (sauf hollandais). Une réparation de crevaison vous coûtera 20 €, sans la chambre à air.

Jour de Vélo

33, boulevard des Batignolles, 8e • M° Rome
Tél. 09 75 38 30 69

Fermé le dimanche

Autre adresse sur le site jourdevelo.fr

RÉINVENTER LA VILLE • Ce cyclo-café du boulevard des Batignolles et son petit frère de la rue de Cîteaux (voir p. 56) surfent sur la tendance des lieux hybrides consacrés à la petite reine. Ici, on vous conseillera pour choisir la monture qui vous accompagnera pour tous vos déplacements. Si vous parcourez le bitume pendant la semaine, et les chemins forestiers le week-end, pourquoi ne pas craquer pour le fameux vélo gravel ("gravier" en anglais), dont tout le monde rêve en ce moment ? Pour ceux qui privilégient l'élégance et le confort pour rouler en ville, Jour de Vélo distribue les cycles Breezer, au parfait rapport qualité-prix. Côté réparations, si vous n'avez pas peur de mettre les mains dans le cambouis, l'atelier vous est ouvert pour 8 € de l'heure. Si vous n'êtes pas un as de la mécanique, laissez faire l'équipe et profitez-en pour savourer un café au bar !

Cycles Cavale

43, rue Laffitte, 9e • M° Notre-Dame-de-Lorette ou Le-Peletier
Tél. 01 53 20 90 84

Fermé le dimanche

cavale.cc

ESTHÉTIQUE ET DYNAMIQUE • L'allure des plus beaux vélos français vintage, associée à une assistance électrique dernier cri : voici une gamme de vélos urbains qui ne vous laissera pas indifférent. Les Cycles Cavale sont nés d'une rencontre entre deux jeunes entrepreneurs, Martin Bouche et Nicolas Prado, et le petit-neveu d'Alex Singer, dont l'atelier de vélos sur mesure basé à Levallois-Perret est reconnu à travers le monde pour son savoir-faire. Une attention portée au beau et aux détails qui se retrouve sur les deux modèles de la marque : le Messager, au cadre haut, et le Rivage, au cadre ouvert. Entièrement fabriqué et monté en France, léger (15 kilos, il est assez léger pour être porté), le vélo possède une autonomie de 50 kilomètres. Côté look, à vous de choisir la couleur du cadre et de la batterie, le type de selle, de cintre ou de porte-bagages. Assemblé sur commande, votre vélo vous sera livré sous quatre à six semaines. À partir de 3 500 €, le prix de l'élégance !

Pastel

4, rue Richer, 9ᵉ • M° Bonne-Nouvelle ou Cadet
Tél. 01 83 96 06 50

Fermé le dimanche

pastel-cycles.com

LA CRÈME DE LA CRÈME • Votre pneu a crevé ? Vos freins ont lâché ? Poussez la porte de Pastel : ici, les mécaniciens et mécaniciennes vous reçoivent sans rendez-vous. Et la bonne nouvelle, c'est que, le temps de la réparation, vous pourrez tranquillement siroter un café torréfié à Belleville, ou une bière brassée à Pigalle, selon l'heure ! À la fois boutique, café et atelier, c'est le genre de bonne adresse que l'on voudrait voir fleurir à Paris. Outre une sélection pointue de vélos mécaniques et électriques, tous fabriqués en Europe, Pastel a sourcé pour vous un vaste choix d'accessoires, avec des sacs à dos innovants, des casques et des objets connectés pour rouler zen. À découvrir également, un service assurance vol, casse et réparation pour votre bicyclette, et une offre de parking près de chez vous pour la mettre à l'abri. Malin !

Colette à Bicyclette

23, avenue Trudaine, 9e • M° Anvers
Tél. 09 80 42 96 99

Fermé le dimanche et le lundi

coletteabicyclette.com

ESPRIT FRENCHY • En lieu et place de l'auto-école de l'avenue Trudaine se trouve aujourd'hui une boutique de cycles... Tout un symbole du renouveau du vélo à Paris ! Colette à Bicyclette, dont la façade bleue rappelle le logo du *concept store* mythique de la rue Saint-Honoré, se démarque par son choix de vélos de fabrication française. La majorité est à assistance électrique, proximité de la butte Montmartre oblige. Damien a opté pour les marques classiques – Peugeot, Gitane –, mais aussi les dernières nées Eovolt, qui fabrique des vélos pliants électriques, et 1886, une jeune entreprise de Saint-Étienne. Dans l'atelier, Nicolas s'affaire à retaper un vélo vintage Giant, auquel il redonne un nouveau look, et qui sera bientôt mis en vente au rayon occasions. Soucieux de répondre aux besoins du cycliste urbain, le duo propose aussi une belle sélection d'accessoires, en témoignent les jolis casques de la marque italienne Kask.

LES VÉLOS ÉLECTRIQUES EN LIBRE-SERVICE

VÉLIB' MÉTROPOLE (MAIRIE DE PARIS) : LE PLUS ÉCONOMIQUE

velib-metropole.fr

Flotte : 1 400 stations à Paris et en Île-de-France et 20 000 vélos, dont 40 % à assistance électrique (reconnaissables à leur couleur bleue, les verts étant musculaires).
Autonomie : 50 kilomètres.
Vitesse : 25 kilomètres/heure.
Modalités d'emprunt : engagement douze mois.
Tarif : l'abonnement V-Max coûte 8,30 € par mois et inclut 45 minutes en Vélib' électrique.

LIME : PRATIQUE MAIS CHER

li.me

Flotte : 5 000 vélos Lime circulent à Paris, reconnaissables à leur look acidulé blanc et vert.
Autonomie : 50 kilomètres.
Vitesse : 25 kilomètres/heure.
Modalités d'emprunt : en *free-floating* (aucune station ne leur est attribuée), vous les localiserez via le système de géolocalisation de l'application.
Tarif : 1 € de frais de déverrouillage, puis 0,25 €/minute.

DOTT : LE PETIT NOUVEAU

ridedott.com

Flotte : 3 000 vélos à Paris, bleu et rouge, pneus larges, sans dérailleur ni câble de frein apparents.
Autonomie : 60 kilomètres.
Vitesse : 25 kilomètres/heure.
Modalités d'emprunt : téléchargez l'application et consultez la carte pour trouver un vélo à proximité. Sans abonnement. L'assurance responsabilité civile et la garantie individuelle accident sont intégrées à la location.
Tarif : 1 € pour débloquer, puis 0,23 €/minute.

Vélib'.

Dott.

PONY : LE CHAMPION FRANÇAIS

getapony.com/fr

Flotte : seul acteur français, Pony a déployé 1 500 vélos électriques dans la capitale. Sa particularité : lors de l'implantation du service dans une ville, la flotte est vendue à des habitants (1 790 € le vélo). Les propriétaires récupèrent ensuite 50 % des revenus générés par chaque trajet. La marque lancera bientôt le Double Pony, un VAE deux places équipé d'un deuxième siège et de cale-pieds.
Autonomie : 90 kilomètres.
Vitesse : 25 kilomètres/heure.
Modalités d'emprunt : les vélos sont disposés le long des pistes cyclables qui doublent les lignes de métro 1 et 13, et doivent être déposés dans des zones proches des stations de métro.
Tarif : deux formules existent : un abonnement classique en *free-floating* (abonnement vingt-quatre heures à 4 € ou un mois à 8,50 €), auquel s'ajoutent le déverrouillage (à partir de 0,34 €) et le coût à la minute (à partir de 0,07 €) ; la privatisation : le vélo (ou la trottinette) vous est réservé et ne peut être déverrouillé par quelqu'un d'autre. Comptez 7 €/jour, ou 24 €/mois.

VÉLIGO (ÎLE-DE-FRANCE MOBILITÉS) : POUR LES INDÉCIS

veligo-location.fr

Flotte : vélos électriques classiques, biporteurs, triporteurs, ou rallongés,
Autonomie : 70 kilomètres.
Vitesse : 25 kilomètres/heure.
Modalités d'emprunt : les vélos sont disponibles pour les Franciliens uniquement. La durée de location est limitée à six mois, renouvelable une fois pour trois mois.
Tarif : 40 € par mois en plein tarif pour le vélo électrique classique.

Lime.

SWAPFIETS : LE LEADER EUROPÉEN

swapfiets.fr

Flotte : la firme néerlandaise propose deux vélos électriques, Power 1 et Power 7 (à 7 vitesses).
Autonomie : 80 kilomètres pour le Power 1, 100 kilomètres pour le Power 7.
Vitesse : 25 kilomètres/heure.
Modalités d'emprunt : pour un abonnement mensuel sans engagement, les membres reçoivent un vélo pour leur propre usage. En cas de besoin, un service de réparation est disponible dans les quarante-huit heures pour réparer ou échanger directement le deux-roues sans frais supplémentaire.
Tarif : à partir de 49,90 € pour le Power 1 et 75 € pour le Power 7.

D RENT (DECATHLON)

loc-velo.decathlon.fr

Flotte : les classiques de chez Decathlon (pliant à assistance électrique Tilt 500 E, électrique Elops 920 E ou Elops 540).
Autonomie : 60 kilomètres.
Vitesse : 25 kilomètres/heure.
Modalités d'emprunt : sans engagement après trois mois, l'abonnement comprend l'assurance contre la casse et le vol, la maintenance et l'antivol.
Tarif : D Rent propose des offres entre 55 et 90 €/mois selon le vélo électrique choisi.

Swapfiets.

Bicycl'art

226, rue La Fayette, 10e • M° Jaurès • Tél. 01 40 34 92 94

Fermé le lundi

bicyclart.com

UNE AFFAIRE DE FAMILLE • Mécanicien de cycles expérimenté, Jamel a transmis sa passion du vélo à son fils Ilias, avec lequel il a lancé Bicycl'art il y a sept ans, à quelques coups de pédale du canal Saint-Martin. Derrière la devanture jaune du magasin, non loin des quais, on trouve des vélos d'occasion, vendus révisés et sous garantie à partir de 180 €, et quelques accessoires simples : antivols, selles, ainsi que des outils de réparation. Mais on vient surtout ici pour l'atelier. Vous y serez accueilli avec un grand sourire, quel que soit votre vélo : ancien, issu de la grande distribution, électrique... Et si vous êtes l'heureux propriétaire d'un vélo hollandais, ça tombe bien : Ilias accepte tous les défis. Dans l'atelier, votre bicyclette sera bichonnée et repartira en pleine forme. Inutile de prendre rendez-vous, sauf si votre vélo a besoin d'un sérieux coup de neuf (prévoyez 16 € pour le forfait crevaison). L'équipe de Bicycl'art propose aussi du montage à la carte : pour un vélo customisé, comptez au minimum trois semaines de délai. Une pompe à vélo en libre-service est disponible devant le magasin.

La Chouette

20, rue du Château-d'Eau, 10ᵉ • M° Jacques-Bonsergent
Tél. 09 82 29 57 01

Fermé le dimanche et le lundi

lachouetteparis.com

DRÔLE D'OISEAU • Non loin du canal Saint-Martin, deux férus de bicyclette, l'Anglais Jacob Burke et l'Australien Chris Fuller, ont ouvert un dynamique café-vélo. Derrière la pimpante devanture rose du magasin, un atelier de réparation et un *coffee shop* qui sert un excellent café de la Brûlerie de Belleville, de délicieux bagels, des muffins et des cookies. Ici, le mobilier est entièrement fait sur mesure en bois et métal, et les sièges en guidons de vélos recyclés. Les deux mécaniciens proposent des vélos pour tout type de cycliste, à tous les prix. Si vous souhaitez un vélo personnalisé, faites-leur part de vos rêves ! Le duo a également le don de dénicher les petits accessoires qui font la différence en matière de style : guidoline flashy, réflecteur pizza, sonnette SimWorks en métal doré martelé. Enfin, le coût de la réparation est de 12,50 € les quinze minutes, ce qui fait vraiment de cette adresse l'une des plus chouettes de la capitale !

Chouette Vélo de Ville

4, passage des Marais, 10e • M° Jacques-Bonsergent
Tél. 06 24 92 17 18

Fermé le dimanche

chouettevelodeville.fr

SPÉCIALISTE DU VÉLO HOLLANDAIS • Le dos bien droit, la tête haute... Certains Parisiens ne jurent que par le vélo hollandais, chic et ultra-confortable. Dans sa boutique installée dans le bucolique passage des Marais, Sabri Madi abrite une belle collection de ces cycles. Pour les occasions, il s'agit de vélos qu'il récupère aux Pays-Bas et remet entièrement à neuf. Lourds mais stables, avec leurs cadres robustes et leurs freins efficaces, ils sont la monture idéale pour les déplacements urbains. Les modèles d'occasion varient entre 200 et 500 €, un prix relativement modéré pour des marques comme Sparta ou Cortina. Pour les modèles neufs du magasin (Gazelle, Batavus, Gouden Leeuw), il faudra compter le double. Vous trouverez aussi une gamme d'accessoires élégants, comme le panier en osier tressé Basil Swing, parfait pour s'équiper avec style. L'atelier de réparation reçoit sans rendez-vous.

Vélo Yellow

103, boulevard de Magenta, 10ᵉ • M° Gare-du-Nord
Tél. 09 51 68 86 08

Fermé le dimanche

Autre adresse sur le site veloyellow.business.site

ÉTOILE MONTANTE • Difficile de rater l'étincelante devanture jaune soleil de cette boutique du boulevard de Magenta ! Sa devise ? "La vie est comme une promenade à vélo, il s'agit de trouver l'équilibre, avancer et profiter de l'instant." Les mécaniciens de l'atelier, ouvert il y a quatre ans sur l'une des pistes les plus fréquentées de la capitale, réparent tous les types de vélos, y compris les vélos hollandais. L'équipe sympathique vous reçoit sans rendez-vous, tous les jours de la semaine jusqu'à 21h. Pratique ! L'enseigne propose aussi des vélos à la vente et à la location, ainsi qu'une petite sélection d'accessoires (paniers, antivols, phares).

VanMoof

26, boulevard des Filles-du-Calvaire, 11e • M° Filles-du-Calvaire

Fermé le dimanche

vanmoof.com

LE SENS DU DÉTAIL • La start-up néerlandaise VanMoof, fondée en 2009 par les frères Carlier à Amsterdam, a le vent en poupe ! Elle a su séduire une clientèle urbaine et branchée, avec des vélos haut de gamme et des collaborations avec des designers, comme le jeune créateur français Jacquemus, qui ose le cadre rose flashy. Grâce à lui, le vélo devient un véritable accessoire de mode. Deux modèles, les S3 et X3, sont disponibles à partir de 2 198 €. Ils ont les mêmes caractéristiques techniques, freins hydrauliques, une autonomie de 150 kilomètres en mode économique et une vitesse maximale de 25 kilomètres/heure. Seule change la forme du cadre. Leur unique défaut ? Une batterie inamovible, ce qui complique leur charge dans les immeubles parisiens. Pour pallier cette faiblesse, VanMoof a depuis peu lancé une batterie amovible, mais elle vous coûtera 348 € ! Toujours à la pointe de l'innovation, la société annonce le lancement prochain d'un *speed bike* atteignant les 50 kilomètres/heure.

Cycles Laurent

9, boulevard Voltaire, 11e • M° République
Tél. 01 47 00 27 47

Fermé le dimanche et le lundi

cycleslaurent.com

RÉSOLUMENT AUTHENTIQUE • Sol en terrazzo, pièces de collection accrochées du sol au plafond... Ce magasin de cycles, fondé en 1930 par Marcel Laurent, coureur passionné, est devenu un incontournable pour les cyclistes parisiens. Son petit-fils, Cédric, perpétue la tradition familiale avec une équipe d'aficionados. Les lieux regorgent de vélos, parmi lesquels quelques antiquités, de nombreuses références de modèles neufs, et un beau rayon occasions, à surveiller de près car les bonnes affaires partent vite. Vous y trouverez aussi une collection de maillots aux couleurs des Cycles Laurent. Pour ceux qui veulent un vélo unique, l'équipe est spécialisée dans le montage à la carte haut de gamme. Riche de plus de quatre-vingt-dix ans d'expérience, l'atelier de réparation fonctionne à plein régime, car c'est souvent ici qu'atterrissent les vélos laissés pour compte !

La Cycklette

6, rue des Goncourt, 11e • M° Goncourt

Facebook : La Cycklette

UN SAVOIR-FAIRE PARTAGÉ • Ouvert par la recyclerie La Petite Rockette en 2017, l'atelier vélo participatif et solidaire La Cycklette met à disposition de ses adhérents un espace convivial destiné à l'apprentissage de la mécanique des cycles, outils, chaînes de vélo, chambres à air et pièces détachées fournis. On peut y réaliser un simple entretien en bénéficiant des conseils des mécaniciens – roue voilée ou pneu dégonflé –, mais on y vient surtout pour apprendre à entièrement démonter et remonter son vélo. Car l'objectif de l'association, c'est de rendre chaque cycliste parfaitement autonome ! D'où l'organisation de soirées "apéro-démontage" pour réveiller le mécano qui sommeille en vous (calendrier sur la page Facebook de La Cycklette). La cotisation annuelle de 20 € permet aussi d'avoir accès à des vélos d'occasion (à partir de 40 €).

SoliCycle

APPRENDRE À RÉPARER SON VÉLO

Il y a ceux qui n'ont jamais vu une clé de 12, et ceux qui aiment donner un coup de main... Le nombre d'ateliers coopératifs de réparation de vélos a explosé partout en France en dix ans. Animés par des bénévoles et des salariés, ils redonnent vie à des bicyclettes abandonnées ou en mauvais état. L'objectif est de favoriser le réemploi des pièces et la réduction des déchets. La démarche est avant tout participative : les cyclistes y viennent afin d'apprendre à entretenir eux-mêmes leur deux-roues. On y trouve donc des pièces d'occasion (parfois gratuites, en contrepartie d'une adhésion), des outils et, surtout, les conseils qui vont avec.

SOLICYCLE

• Voie Georges-Pompidou, sous le pont d'Arcole, 4e • M° Cité
• 35, boulevard de la Chapelle, 10e
M° La Chapelle
• 1-3, rue Prévost-Paradol, 14e
M° Porte-de-Vanves
• 4 bis, rue d'Oran, 18e
M° Château-Rouge
solicycle.org

Avec l'aide d'un mécanicien, vous allez pouvoir réparer votre vélo dans l'un des quatre ateliers parisiens. Consultez le planning sur la page Facebook de l'association (voir aussi p. 64).

ATELIER VÉLORUTION BASTILLE

Maison du Vélo, entrée par le 6, rue Jacques-Cœur, 4e • M° Bastille

Facebook : Atelier Vélorution Bastille

Le but de cette association historique ? Favoriser la pratique du vélo au quotidien, par l'échange de savoir-faire autour de la mécanique et le réemploi de pièces inutilisées. Pour une cotisation tout à fait abordable (10 €), il est possible d'accéder à tous les outils nécessaires et d'acheter des pièces de récupération à prix libre. L'ambiance est très sympa et, le mercredi, les ateliers sont réservés aux femmes. Prêt(e) à devenir un(e) pro du vélo ? (Voir aussi p. 20).

RECYCLERIE SPORTIVE

81, boulevard Bessières, 17e • M° Porte-de-Saint-Ouen ou Porte-de-Clichy

recyclerie-sportive.org

L'atelier co-réparation de la Recyclerie Sportive est ouvert tous les jeudis de 15h à 19h, et les samedis de 14h à 18h. Adhésion annuelle de 5 à 35 € (voir aussi p. 71).

La Cycklette

LA CYCKLETTE

6, rue des Goncourt, 11e • M° Goncourt

Facebook : La Cycklette

En échange d'une cotisation annuelle de 20 €, vous aurez accès aux outils de l'atelier, ainsi qu'aux soirées "apéro-démontage" (voir p. 41).

LE PETIT BICLOU

58, rue Damesme, 13e
M° Maison-Blanche

lepetitbiclou.fr

L'association du quartier Kellermann propose des ateliers d'auto-réparation. L'adhésion coûte 30 € par an et donne accès aux ateliers, aux outils, équipements et consommables, et à l'achat de pièces détachées neuves ou d'occasion. Une fois par mois a lieu une séance durant laquelle les adhérents démontent de vieux vélos pour renouveler le stock de pièces détachées. Parfait pour apprendre la mécanique !

Velocip'Aide

LE VÉLO VOLANT

Cité internationale universitaire de Paris, 17, boulevard Jourdan, 14e • RER B Cité-Universitaire

Facebook : Le Vélo Volant

L'atelier vélo collaboratif de la Cité U se réunit tous les samedis dans le garage de la maison du Liban avec, à la clé, un goûter participatif !

MON VÉLO EN SEINE

24, rue des Quatre-Frères-Peignot, 15e
M° Charles-Michels

monveloenseine.fr

Cette petite association située au pied du quartier Beaugrenelle a été fondée par trois passionnés de vélo, Benjamin, Manu et Thibault. Ici, pour 10 € par an, on a accès à des pieds d'atelier, qui permettent d'installer l'engin en hauteur pour travailler confortablement, des pièces détachées, des outils, et surtout de bons conseils pour l'entretien et la réparation de son vélo. Les horaires d'ouverture figurent sur le site Internet de l'association. Novices bienvenus !

VELOCIP'AIDE

38, rue des Apennins, 17e
M° La Fourche

velocipaide.fr

Cet atelier solidaire et participatif, initié par le Secours catholique, est animé par des fanas de vélo qui vous donneront des

conseils et des coups de main bien utiles ! L'outillage nécessaire pour démonter, nettoyer et réparer votre bicyclette, ainsi que des pièces détachées d'occasion sont à votre disposition. On trouve même de temps en temps de vieux vélos à remettre en état ! Pas d'adhésion, libre participation aux frais.

RETOUR VERT LE FUTUR

156, rue d'Aubervilliers, 19e
M° Crimée
retourvertlefutur.org

L'association anime des séances d'auto-réparation dans son atelier, ainsi qu'en pleine rue ! Vous trouverez le calendrier en ligne, sur son site Internet.

CYCLOFFICINE

3, rue de Noisy-le-Sec, 20e
M° Porte-des-Lilas
cyclocoop.org

Importé de Rome, ce concept d'atelier solidaire permet aux Parisiens de mettre les mains dans le cambouis, en échange d'une adhésion annuelle (15 €).

PAILLETTES & CAMBOUIS

paillettesetcambouis.org

Cette association qui allie cyclisme et féminisme a créé en 2020 des ateliers participatifs autour du vélo. Solidaires et émancipateurs, ils ont lieu hors les murs : renseignez-vous sur la page Facebook de l'association.

Steel Cyclewear & Coffeeshop

58, rue de la Fontaine-au-Roi, 11e • M° Goncourt
Tél. 06 47 58 32 46

Fermé le dimanche et le lundi

steelcyclewear.com

TOUT POUR LE STYLE • Encore une bonne adresse dans le 11e arrondissement... Pionnier du genre, le premier café-vélo à Paris a été lancé par *Steel* – un magazine *lifestyle* consacré à l'univers du vélo – pour permettre aux aficionados de se retrouver autour d'un bon café. Adopté par le Tout-Paris cycliste, le *concept store* à la déco branchée – bois brut et grandes baies vitrées – accueille donc un espace *coffee shop*, avec dans l'assiette quiches, sandwichs, cookies, muffins et autres gourmandises. Côté boutique, vous trouverez une large gamme de vêtements et d'accessoires techniques dédiés au vélo urbain, avec toutes les marques en vue, mais aussi quelques petites séries introuvables ailleurs. Enfin, pour parfaire vos connaissances sur le vélo, l'espace librairie propose une vaste sélection de beaux livres sur ce thème.

Les Petits Vélos de Maurice

81, boulevard Richard-Lenoir, 11e • M° Saint-Ambroise
Tél. 01 44 93 79 84

Fermé le dimanche et le lundi

lespetitsvelosdemaurice.fr

ÉTHIQUE ET PRATIQUE • Géré par l'Association pour l'insertion et la réinsertion professionnelle des personnes handicapées, ce magasin emploie des personnes en situation de handicap. Deux moniteurs et une monitrice ainsi qu'une bénévole opèrent en binôme avec 11 travailleurs qui, après une solide formation à la mécanique, s'occuperont de l'entretien de votre vélo. Un pneu à plat, une dynamo qui lâche, un frein qui ne mord plus : rien ne leur fait peur. L'équipe est également formée pour vous conseiller pour l'achat d'une nouvelle monture, neuve ou d'occasion. Les réparations sont proposées au prix juste (forfait crevaison à 12,50 €), et il suffit de voir la clientèle défiler pour se rendre compte du succès de l'initiative, unique en France. D'ailleurs, mieux vaut prendre rendez-vous ! Petit plus : le distributeur de chambres à air installé sur la façade de la boutique, seul endroit à Paris où vous pourrez vous approvisionner 24h/24 !

Franscoop

47, rue Servan, 11e • M° Rue-Saint-Maur
Tél. 01 47 00 68 43

Fermé le dimanche et le lundi

franscoop.com

TOUT UN ART • Il y a une quarantaine d'années, à l'heure où beaucoup misaient tout sur le tout-voiture à Paris, Vincent Canzano ouvrait son premier magasin de cycles. Située dans un superbe ancien relais de poste du 11e arrondissement, la boutique sur trois niveaux est vite devenue une référence pour les cyclistes, qui viennent de toute la France pour bénéficier des conseils de Vincent, et de son expertise en étude posturale. Franscoop est spécialisé dans les vélos à caractère sportif : vélos de route, urbains et légers, ou encore VTT. Ici, vous pourrez faire monter le vôtre sur mesure à partir de 600 €. Concevant la petite reine comme un véritable art de vivre – la signature du magasin, "le vélo par nature", en atteste –, Vincent a créé il y a une dizaine d'années l'association Le Tour de l'art, qui fait se rencontrer deux mondes pourtant opposés, le vélo et l'art contemporain, et organise des expositions autour de ces deux thèmes.

Mon Beau Vélo

7, rue Saint-Maur, 11e • M° Voltaire
Tél. 06 09 40 32 15

Fermé le dimanche

monbeauveloparis11.fr

INTEMPOREL • Cette boutique de la rue Saint-Maur est spécialisée dans la vente de vélos "néo-rétro" : la plupart sont montés sur mesure, sur la base d'un cadre ancien auquel sont ajoutés des composants récents. Résultat : élégance, confort et performance sont au rendez-vous. Lors de notre passage, un superbe Peugeot vintage trônait sur le pied d'atelier. Pour ceux qui aiment bricoler eux-mêmes, on trouvera ici un large stock de pièces neuves ou d'occasion, ainsi que de nombreux accessoires. Et pour ceux qui voudraient vivre une expérience inoubliable, les mécaniciens ont mis tout leur savoir-faire au service d'une magnifique triplette rouge (vélo à trois places), entièrement restaurée et désormais disponible en location. Vous ne passerez pas inaperçu lorsque vous dévalerez la rue de la Roquette sur cet engin !

Vélo Vintage Paris

18, rue Pache, 11e • M° Voltaire
Tél. 07 50 85 89 90

Fermé le dimanche

velovintageparis.bigcartel.com

PIÈCE UNIQUE • Vous rêvez d'un vélo à l'allure rétro irrésistible ? Ne cherchez plus, Nabil Llavall a ce qu'il vous faut. Ce vélociste de la rue Pache est un passionné de cycles qui, jusqu'à la pandémie, exerçait le métier de graphiste tout en bricolant des vélos en amateur. La crise de la Covid l'a poussé à se lancer. Depuis, la jolie boutique de Vélo Vintage Paris tourne à plein régime. Vous aurez certainement le coup de foudre pour ce Motobécane C2 au cadre vert olive, ou l'italien Maino, tous deux superbement restaurés. Et si vous ne trouvez pas l'élu de votre cœur en magasin, Nabil vous propose de monter sur mesure celui qui correspondra à votre envie et à votre budget. Côté atelier, on répare tout type de vélo, sans rendez-vous. Une adresse comme on les aime !

GONFLÉ À BLOC : LES POMPES À VÉLO EN LIBRE-SERVICE

Plusieurs mairies d'arrondissement – notamment les 4e, 9e, 15e et 17e – ont accueilli des stations de réparation, façon couteau suisse, en libre-service. Un gain de temps et d'argent pour les cyclistes, qui peuvent facilement entretenir eux-mêmes leur engin. À savoir également, tous les abris sécurisés de la mairie de Paris disposent d'une pompe à air extérieure gratuite et accessible à tous 7j/7, 24h/24. Pour les localiser, se connecter sur **abris-securises-velos.paris.fr**.

Ça Redémarre

99, rue de Charonne, 11e • M° Charonne
Tél. 06 59 97 36 30

Fermé le lundi

caredemarre.com

SUR LES CHAPEAUX DE ROUE • Quand deux amoureux de la petite reine se rencontrent, cela donne un établissement à part. Alexis et Daniel, à la tête de cette enseigne, se sont connus à Berlin, haut lieu du vélo urbain, mais c'est rue de Charonne, dans le 11e arrondissement, qu'ils se sont installés. En boutique, le duo propose un choix éclectique de vélos neufs (entre autres, la marque japonaise Fuji ou l'américaine Breezer, spécialiste des vélos en acier) et d'occasion, quelques accessoires, un atelier et un café à l'atmosphère chaleureuse, le lieu parfait pour déjeuner d'une quiche maison de saison en attendant la révision de votre monture (formule révision + plat, dessert et expresso à 40 €). Cerise sur le gâteau, la boutique est ouverte en nocturne le jeudi, vous permettant de déposer ou de récupérer un vélo en réparation jusqu'à 22 heures. Alors, ça roule ?

Cycles Bogoss

110, rue de Montreuil, 11e • M° Avron
Tél. 09 84 58 35 94

Fermé le dimanche et le lundi

Facebook : Cycles Bogoss

SUR MESURE • Amoureux des lignes élégantes des vélos anciens, ne cherchez plus : c'est rue de Montreuil, derrière la façade noire de Cycles Bogoss, que vous trouverez votre bonheur. Aux manettes de l'atelier, Antoine Lecuirot, un passionné spécialisé dans la réparation, la conversion et la vente de vélos depuis 2013. Son expertise : les vélos anciens et les marques mythiques telles que Motobécane, Peugeot, ou encore Mercier. Ces biclous increvables, à l'allure classique, sont proposés dès 220 €. Si vous rêvez d'un modèle unique, Antoine propose un montage à la carte : on choisit chaque élément du vélo pour une personnalisation complète de sa monture. L'amour du bel ouvrage, voici ce qui le motive. De plus, sa démarche est totalement durable : "Ici, rien ne se perd. Je ne change rien qui ne doit pas être changé", assure-t-il. En plus du réemploi des pièces, Cycles Bogoss utilise pour leur dégraissage une fontaine biologique, sans solvant. En prime, l'accueil est particulièrement chaleureux.

Maison Tamboite

20, rue Saint-Nicolas, 12e • M° Ledru-Rollin
Tél. 01 40 21 94 18

Fermé le dimanche et le lundi

maisontamboite.fr

LE VÉLO HAUTE COUTURE • Voici une adresse digne des plus grandes marques du luxe à la française. La Maison Tamboite porte le nom d'un cycliste renommé, Maurice Tamboite, star des vélodromes. Frédéric Jastrzebski a fait renaître en 2014 cette marque de cycles que son arrière-grand-père Léon avait reprise en 1928. Elle propose quatre modèles : un *single speed,* Marcel ; un porteur parisien, Henri ; un cadre ouvert, Dalou ; et enfin le Fauve, inclassable. Ces vélos d'exception sont entièrement fabriqués à la main dans les ateliers de la maison, installés dans une élégante cour pavée de la Bastille. Chaque pièce est unique, adaptée à la morphologie du cycliste grâce à une étude posturale réalisée au moment de la conception. Matériaux raffinés – acier chromé, bois, cuir cousu au point sellier et patiné à la main – et coloris subtils... Le passionné trouvera ici le luxe ultime, à un prix de départ de 11 000 €. De quoi en perdre les pédales.

LES CINQ RÈGLES D'OR POUR ÉVITER LE VOL

1. N'achetez pas de vélo coûteux si vous ne pouvez pas le garder à l'intérieur.

2. Investissez dans un très bon cadenas, de préférence un antivol en U, les plus résistants.

3. Attachez votre vélo à une structure fixée au sol.

4. Marquez votre vélo, c'est obligatoire ! L'opération coûte entre 5 € et 10 €, et elle vous donne droit à un passeport et à un numéro de vélo. Il faudra ensuite enregistrer celui-ci en ligne. Renseignez-vous auprès des marchands de cycles ou consultez les sites Internet de Recobike ou Bicycode.

5. Vous roulez en VAE ? Mieux vaut retirer la batterie lorsque vous vous garez, votre vélo en sera moins attractif.

Jour de Vélo

41, rue de Cîteaux, 12e • M° Faidherbe-Chaligny
Tél. 09 54 31 29 44

Fermé le dimanche et le lundi

jourdevelo.fr

VÉLOMANIA • C'était l'un des premiers cafés-vélos de Paris, initié en 2016 par Olivier, ancien salarié des télécoms. Malheureusement, la Covid est passée par là et l'espace café a fermé, mais l'ambiance reste chaleureuse dans ce magasin de la rue de Cîteaux. Un bel atelier de réparation, grandes baies vitrées et murs de brique, jouxte le magasin. L'équipe de mécaniciens – mixte – reçoit sur rendez-vous. Côté boutique, des vélos urbains au top, électriques et mécaniques, et, surtout, une vaste sélection de vélos gravel, la star du moment. Grâce à sa forme inspirée d'un vélo de course et à ses pneus plus larges (jusqu'à 45 millimètres), le gravel est adapté à la ville, mais aussi aux virées en dehors des sentiers battus, et totalise les deux tiers des ventes du magasin. Plus confortable qu'un vélo de course, plus sportif qu'un vélo de ville, il fait l'unanimité. Jour de Vélo a choisi les marques Bombtrack, une jeune entreprise allemande, les californiens Marin, et Breezer.

Bicloune

Viaduc des Arts, 65, avenue Daumesnil, 12e • M° Gare-de-Lyon
Tél. 01 48 05 47 75

Fermé le dimanche et le lundi

cycles-bicloune.com

VÉLOS DE COLLECTION • Dans sa nouvelle boutique installée sous les voûtes du viaduc des Arts, Bicloune joue la carte de l'authenticité. L'enseigne, existant à Paris depuis 1982, est spécialisée dans les vélos d'occasion et de collection, de ceux qu'on laisse traîner avec fierté au milieu du salon ! Véritable vélo de porteur de journaux, vélo de course datant des grandes heures du cyclisme pour se prendre pour Raymond Poulidor... le collectionneur y trouvera certainement son bonheur. C'est d'ailleurs ici que se fournissent les décorateurs de cinéma. Tous les vélos d'occasion sont entièrement révisés par les mécaniciens maison et garantis trois mois. La boutique propose aussi des modèles contemporains, comme ceux du fabricant parisien Rutabaga, ou encore le mini-cargo à assistance électrique Kiffy, presque entièrement *made in France*, ainsi qu'un large choix d'accessoires.

La Bicyclette

5 et 10, rue Crozatier, 12e • M° Reuilly-Diderot
Tél. 09 84 42 99 95

Fermé le dimanche, le lundi et le mercredi

la-bicyclette.fr

ESPRIT VINTAGE • Entreprise parisienne familiale depuis 2012, La Bicyclette compte en fait deux boutiques rue Crozatier. Côté impair, au numéro 5, la boutique du père, Lorenzo Savarino, amateur de vélos anciens, réunit quelques pièces de musée. C'est à lui qu'un collectionneur chevronné a confié la restauration d'un vélo dessiné par le célèbre architecte Jean Prouvé, dont il existe seulement deux versions dans le monde ! En face, au 10, l'atelier des fils Savarino, Enzo et Stefano, deux mécanos hors pair capables de remettre en selle n'importe quel vélo vintage. Faites-leur confiance pour réparer votre monture, mais aussi pour vous en offrir une nouvelle : ils restaurent avec passion les grandes marques emblématiques françaises. Stefano a également lancé depuis peu son activité de cadreur : les Cycles Savarino, qu'il réalise sur mesure dans son atelier en Seine-et-Marne. Enfin, vous trouverez en magasin des accessoires variés, ainsi que les vélos 6KU, fiables et robustes, à des prix très abordables.

Panache

19, rue de Campo-Formio, 13e • M° Campo-Formio
Tél. 07 67 66 21 69

Fermé le dimanche et le lundi

boutique.cycles-panache.fr

LA GRANDE CLASSE • Vous rêvez de vous offrir un vélo flambant neuf tout en respectant votre engagement écologique ? Nous avons la solution ! Chez Panache, on assemble pour vous un vélo unique à partir de pièces recyclées produites en France. C'est simple, il suffit de choisir sa formule (monovitesse, pignon fixe ou à vitesses), son cadre, sa couleur parmi les mille disponibles, et enfin les composants (pédalier, selle, roues, cintre, transmission...). Un mois plus tard, votre nouveau vélo est prêt. Bilan carbone : 0. Panache : 10. Enfin, bonne nouvelle en cas de coup de pompe, l'équipe a ouvert tout récemment un café-vélo près de la place d'Italie, où vous pourrez boire un bon café tout en discutant mécanique, et vous équiper en accessoires sympas.

Alésia Cycles

33, rue d'Alésia, 14e • M° Alésia
Tél. 01 43 21 41 78

Fermé le dimanche et le lundi

Facebook : Alésia Cycles

ESPRIT DE QUARTIER • Avec son élégante devanture vert anglais, cette boutique de cycles esprit Brooklyn est nouvelle venue dans le quartier. À sa tête, Jean-Michel Moyen sélectionne des petites marques de vélos de randonnée ou gravel, comme Salsa, Ritchey et Brother Cycles, et réalise des montages à la carte (autour de 2 000 €, délai de fabrication entre trois semaines et trois mois selon la disponibilité des pièces). Dans l'atelier, tous les vélos sont les bienvenus : on prend rendez-vous, on dépose son engin le matin, et on vient le chercher le soir vers 17 heures. Pour une crevaison, comptez 10 € de main-d'œuvre et 6 € pour la chambre à air. Et pour ceux qui rêvent de retaper leur vieux vélo, sachez-le, Jean-Michel a un faible pour les biclous vintage français, de belle facture, à l'instar de ce Peugeot des années 1960 au cadre bleu vif, qui attend son nouveau propriétaire devant la boutique.

Okçaroule

36, rue Pernety, 14e • M° Pernety
Tél. 01 45 42 74 56

Fermé le dimanche

okcaroule.fr

DOCTEUR VÉLO • Hocine nous présente ses excuses pour l'atelier, "pas très rangé". En effet, difficile de mettre un pied devant l'autre dans cette petite boutique de la rue Pernety ! Hocine et Raouf ont ouvert en 2005, et se définissent comme des "généralistes" du vélo : ils auscultent toutes sortes de patients, sauf les électriques, pour tout type de pathologie. La clientèle du quartier apprécie les prix modérés (14,50 € maximum pour une crevaison) et le mode d'opération : ici, on vient sans rendez-vous et, si la panne est légère, on repart avec un deux-roues en grande forme dans la demi-heure. En vente, quelques accessoires et parfois des vélos d'occasion. Okçaroule loue également des vélos à la journée (15 €). Idéal pour prendre la poudre d'escampette vers le sud de Paris.

Cyclofix

LES ATELIERS DE RÉPARATION ITINÉRANTS

Un pneu qui crève, des freins qui lâchent en plein bois de Vincennes, ça vous rappelle de mauvais souvenirs ? Pour tous ceux qui ont connu le désespoir de faire tout Paris en poussant leur vélo, voici les compagnies de réparation itinérantes, qui interviennent où que vous soyez !

CYCLOFIX

cyclofix.com

Idéal pour les petites réparations urgentes, type crevaison, Cyclofix, créé fin 2015, vous met en relation avec des réparateurs indépendants qui se déplaceront jusqu'à vous. Il suffit de prendre rendez-vous sur le site Internet en indiquant le type de panne. Changement de chambre à air à partir de 19 €, déplacement inclus.

L'ATELIER QUI ROULE

latelierquiroule.fr

Ancien pompier de Paris, Johan Guillotin intervient dans les 15e et 16e arrondissements, ainsi que dans les communes de l'ouest de la capitale. Avec son atelier mobile, qu'il a conçu lui-même à l'avant de son vélo cargo, il répare tout type de vélo. Au coût de la prestation effectuée s'ajoute le prix du déplacement (20 €).

NEURONE BIKE

neuronebike.com

David Sauvage ne se déplace malheureusement pas à vélo : c'est dans son véhicule utilitaire qu'il a choisi d'installer son atelier mobile. Entièrement équipé, il peut effectuer toutes sortes de réparations, y compris les opérations hydrauliques.

RIDY

ridy.fr

Ridy propose des réparations itinérantes, grâce à ses vélocistes salariés qui interviennent partout dans la capitale : on se géolocalise sur le site Internet, on enregistre les caractéristiques du vélo, et on prend rendez-vous. Tarif pour une crevaison : 17 €, auxquels s'ajoutent 15 € de frais de déplacement.

Ridy

REPAIR AND RUN

repairandrun.com

Repair and Run répare les vélos, mais aussi les trottinettes, les vélos cargo et les deux-roues électriques. Pour prendre rendez-vous, dans l'un des quatre ateliers parisiens ou à domicile, il suffit de se rendre sur le site Internet de l'entreprise, d'indiquer le type de vélo à prendre en charge et la prestation souhaitée. La révision d'un vélo classique coûte 45 € et la réparation d'une crevaison, 20 €. Le déplacement, en sus, est facturé entre 15 et 25 € selon la distance à parcourir.

VÉLOGIK LES ATELIERS

velogik-ateliers.com

Vélogik Les Ateliers répare et entretient tous les vélos : électriques, cargo, classiques, pour enfant... Quels que soient le modèle ou la marque, l'intervention est rapide, en atelier ou en itinérance. Tarif pour une crevaison avant : 8 € (10 € pour les pneus arrière), ainsi que 15 € de frais de déplacement.

SoliCycle

1-3, rue Prévost-Paradol, 14e • M° Porte-de-Vanves • Tél. 01 45 39 91 17

Fermé le jeudi, le dimanche et le lundi

Autres adresses sur le site solicycle.org

GÉNÉREUX • Vous en avez sûrement un près de chez vous : un SoliCycle, ces ateliers solidaires de réparation qui utilisent du matériel recyclé et engagent des salariés en réinsertion. Les vélos d'occasion sont vendus à tout petits prix, entre 5 et 150 €, pour rendre accessible à tous la bicyclette. L'entreprise promeut l'économie circulaire et œuvre à réduire les déchets de la filière du cycle : elle réemploie chaque année 2 000 vélos destinés au rebut, dont les deux tiers sont remis en état de rouler. Les autres seront valorisés en pièces détachées : parmi les 1 000 composants d'un deux-roues, la majorité est réutilisable. Ces ateliers sont aussi et avant tout des chantiers d'insertion par l'activité économique. Les ateliers parisiens proposent aussi des temps d'auto-réparation, accueillant tous ceux qui veulent remettre leur vélo en selle. Avec l'aide d'un mécanicien, vous allez pouvoir bricoler, retaper, lustrer, et transformer votre biclou en une élégante monture ! Enfin, SoliCycle organise des animations conviviales autour du vélo.

L'Hirondelle

103, rue Blomet, 15e • M° Vaugirard • Tél. 01 45 35 08 92

Fermé le dimanche et le lundi

beastybike.com/content/15-magasin-velo-paris-vaugirard

L'OISEAU RARE • Le nom de l'enseigne, L'Hirondelle, rend hommage aux élégantes bicyclettes noires du même nom, fabriquées à Saint-Étienne jusque dans les années 1960 et traditionnellement utilisées par les brigades cyclistes de la police de Paris. Ouverte en 2013, la boutique de la rive gauche (une autre adresse a ouvert quelques années plus tard rive droite, dans le 20e arrondissement) était spécialisée dans le pignon fixe, mais aujourd'hui elle commercialise tout type de vélo, de l'électrique au cruiser, avec une nette préférence pour le *made in France* : O2feel, Peugeot ou encore Motobécane. Exception faite pour les suisses Bicycle Manufacturing Company (BMC), une marque qui propose une approche haut de gamme du cyclisme. Le magasin dispose également d'un atelier qui reçoit principalement une clientèle de quartier, pour des réparations et la restauration de vélos anciens.

Cyclable Cargo

68, avenue de Versailles, 16ᵉ • M° Mirabeau
Tél. 09 72 55 96 33

Fermé le dimanche et le lundi

paris16.cyclable.com

FAMILLE NOMBREUSE • Finie, l'attente interminable du bus ! Terminée, l'ascension des escaliers du métro la poussette sous le bras ! On voit de plus en plus de familles parisiennes se déplacer en vélo cargo, véritable bus scolaire. À la fois écologique, pratique et économique, il faut dire qu'il coche toutes les cases. Alors, biporteur ou triporteur, *shortail* ou *longtail*, électrique ou pliable... que choisir ? L'équipe de Cyclable Cargo, spécialiste du *cargobike* et installé dans le 16ᵉ arrondissement, pourra vous parler du comportement de chacun de ces vélos et vous conseiller selon vos besoins. Vous pourrez aussi en essayer plusieurs avant de vous décider : ils sont bien plus maniables que ce que vous imaginez ! Également en magasin, une grande sélection d'accessoires pour protéger toute la famille des intempéries et circuler sans danger.

Djoun

3, rue Mesnil, 16e • M° Victor-Hugo
Tél. 01 81 69 74 49

Fermé le dimanche et le lundi

djoun.fr

L'HOMME QUI MURMURAIT À L'OREILLE DES VÉLOS • "Je répare toutes les marques de vélo, il suffit de venir me voir avec le sourire !" Timo, chef d'atelier chez Djoun, une boutique située près de la place Victor-Hugo, se définit comme un aficionado du vélo. "J'ai tout démonté, j'ai tout remonté", s'amuse-t-il. On le voit immédiatement lorsqu'il se met à l'œuvre, dévoilant une roue "à l'oreille", comme s'il accordait une harpe : "J'aime écouter la musique de la roue, explique-t-il. Je n'ai pas besoin de regarder les rayons, quand le chant de la roue est juste, c'est qu'elle est prête à rouler !" Particulièrement attentif au bien-être du cycliste – il est diplômé en sophrologie –, il saura aussi vous conseiller pour choisir un vélo neuf : électrique Eovolt ou Fitch Bike, sur semi-mesure avec leur partenaire, Vélo de Ville. Parmi les accessoires, les casques Cairn, super-légers et trendy.

Kilomètre Ø

20, rue des Acacias, 17e • M° Argentine
Tél. 01 40 54 67 40

Fermé le dimanche et le lundi

km0.paris

NOUVEAU DÉPART • En quelques années, Kilomètre Ø est devenu l'un des lieux incontournables du cyclisme parisien. Dans cet espace de 400 m^2 répartis sur deux étages, on trouvera toutes sortes de vélos haut de gamme, ainsi qu'un atelier pour les entretenir (sur rendez-vous uniquement, sauf urgence). On notera quelques marques de cycles confidentielles, comme l'américaine Parlee ou l'italienne 3T Cycling. Au rayon textile et bagagerie, la sélection d'accessoires est particulièrement remarquable, avec des entreprises innovantes qui proposent des vêtements chics et techniques (notamment Wolbe et ses chemises, pantalons à pinces, polos et même blazers pour pédaler à l'aise et au sec). Les sportifs se tourneront vers la marque niçoise Café du Cycliste et ses imprimés branchés qui changent du classique maillot de course ! Enfin, le premier étage est réservé au Kilomètre Ø Lab, qui réalise des études posturales, ainsi qu'à un centre de vélos *indoor* Kickr Bike, accessibles en séance libre ou avec un coach.

PRENDRE LES TRANSPORTS EN COMMUN AVEC SON VÉLO

Pour les adeptes de l'intermodalité – qui utilisent plusieurs modes de transport, individuels ou collectifs, pour se rendre d'un point à un autre – se pose la question de mettre son vélo dans le train ou le bus.
Sur la ligne 1 du métro, le transport d'une bicyclette est possible le dimanche et les jours fériés, jusqu'à 16h30.
Sur les RER et les Transiliens, vous pouvez voyager gratuitement avec votre vélo en semaine en dehors des heures de pointe (du lundi au vendredi, avant 6h30, entre 9h30 et 16h30, et après 19h30), ainsi que le samedi, le dimanche et les jours fériés sans restriction d'horaire. Dans certains trains, comme les Franciliens qui roulent sur les lignes H, K, P, J et L, il existe des espaces spécialement prévus pour les vélos. Vous pourrez aussi prendre celui-ci à bord des bus Transilien dotés d'une soute à bagages, Noctiliens compris. Attention : dans tous les cas, votre vélo ne sera accepté à bord que dans la limite de capacité des trains et des bus. En cas de forte affluence, et quels que soient l'heure et le jour, vous ne pourrez pas monter avec votre vélo. Pour tous les autres transports en commun – métro, bus parisiens, tramway –, le vélo pliant est indispensable : seuls ceux démontés ou portés dans un sac peuvent accompagner les voyageurs, sans réservation ni surcoût.

LES AIDES FINANCIÈRES

La mairie de Paris poursuit sa politique volontariste en subventionnant l'achat de vélos neufs : jusqu'à 400 € pour l'achat d'un vélo à assistance électrique, 600 € pour celui d'un vélo cargo, électrique ou non. La Ville de Paris prend ainsi en charge jusqu'à 33 % du prix hors taxe. De même, si vous renoncez à votre véhicule personnel thermique, vous pouvez bénéficier d'un bouquet de mobilités (Navigo, Vélib'...), plafonné à 600 € (voir le site Paris.fr). Île-de-France Mobilités propose une aide complémentaire à celle de la Ville de Paris ; pour en profiter, vous devez avoir préalablement demandé cette dernière. La démarche se fait en ligne sur le site Internet de la Région (iledefrance-mobilites.fr/prime-velo).

À Paris, votre copropriété peut bénéficier d'une aide de 2000 € de la mairie de Paris pour l'installation de places de stationnement vélo à destination de l'ensemble des résidents.

Enfin, si vous souhaitez vous rendre au travail à vélo, vous pouvez demander une indemnité à votre employeur. Certains comités d'entreprise sont aussi en mesure de prendre en charge une partie de l'achat d'un vélo sous présentation d'une facture. Plus récemment, un forfait mobilités durables a été instauré afin d'assumer les frais des trajets d'un salarié venant au travail à vélo (qu'il soit électrique ou non). Ce forfait n'est pas obligatoire et vient remplacer l'indemnité kilométrique vélo (IKV). La prise en charge est d'un montant de 500 € maximum par an et par salarié.

Recycleries Sportive

81, boulevard Bessières, 17e • M° Porte-de-Saint-Ouen ou Porte-de-Clichy
Tél. 09 81 08 80 85

Fermé le dimanche, le lundi et le mardi

Autres adresses sur le site recyclerie-sportive.org

OBJECTIF ZÉRO DÉCHET • Donner une seconde vie aux affaires de sport, proposer des articles neufs issus de donations, le tout en réduisant les déchets de la planète : voici la mission de cette association, qui compte déjà cinq adresses en France. Dans l'éco-lieu installé boulevard Bessières, la boutique fonctionne sur abonnement annuel. Ensuite, on paie chaque trouvaille à tout petit prix. À la recherche d'un deux-roues pas cher ? Vous trouverez ici votre bonheur, c'est certain. Les vélos sont entièrement restaurés et revendus à des prix très attractifs. Cette initiative de développement durable est devenue un véritable espace de vie pour le quartier : en plus de la boutique, un atelier de co-réparation de vélos permet à chacun de venir réparer son cycle, voire de le remonter entièrement, avec l'aide de personnes en service civique. Si vous souhaitez faire don de votre matériel sportif inutilisé, il suffit de le déposer en boutique.

Cycles Val et Dam

20, passage de Clichy, 18e • M° Place-de-Clichy

Fermé le dimanche

valetdam.fr

NOUVELLE VIE • C'est parce qu'ils voulaient s'épanouir dans un métier plus manuel, que Valentin et Damien, encore il y a peu ingénieurs, ont ouvert cette jolie boutique de cycles. Dans un monde chahuté par le changement climatique, les deux garçons souhaitaient revenir aux fondamentaux : la mécanique, le contact avec les clients. Bilan : "Très positif, la relation avec les clients est au top, et on apprend tous les jours !" L'atelier reçoit sans rendez-vous et vous garantit une réparation en quarante-huit heures maximum (crevaison 14 € + chambre à air). Pour la restauration d'un vélo ou un montage à la carte à partir d'un cadre neuf, comptez trois semaines environ, et au minimum 500 €. Enfin, en rayons, le duo a privilégié les petites séries, comme celles de Cinelli, dont les cycles sont produits à Milan en collaboration avec des artistes, ou encore Orbea, une marque espagnole au très bon rapport qualité-prix. De quoi être séduit.

Perry Féerique

32, rue de Laghouat, 18e • M° Château-Rouge
Tél. 01 88 48 42 86

Fermé le dimanche

perryfeerique.fr

GREEN ATTITUDE • Le nom du magasin (péri-phérique, vous l'aviez ?) n'a rien à voir avec le vélo ! C'était le nom de scène de Matteo Scialom, ancien étudiant en musique reconverti en marchand de cycles. "J'ai commencé avec des réparations ambulantes, j'étais passionné de mécanique et j'avais travaillé plusieurs années dans un magasin spécialisé." L'atelier, réalisé par un copain artiste, a ouvert à la Goutte-d'Or juste avant le confinement. Son credo ? L'économie circulaire, et les alternatives au tout-voiture. Matteo Scialom a tout mis en œuvre pour réduire l'impact carbone de son activité : ici, on privilégie le réemploi, on réduit les déchets, on redonne vie aux vieux biclous. Et lorsqu'il vient pour une crevaison, le client repart avec une chambre à air neuve, et l'ancienne est colmatée par une rustine au cas où. Mieux vaut prendre rendez-vous, sauf pour les petites réparations urgentes.

Vélo-Vintage

58, rue du Ruisseau, 18e • M° Jules-Joffrin
Tél. 06 03 89 61 21

Fermé le dimanche et le lundi

velo-vintage.com

FAN DES *EIGHTIES* • Un vent nouveau souffle sur le vélo d'occasion : le cycliste parisien cherche désormais le chic authentique du vintage... Dans la boutique d'Hugo Badia, spécialisée dans les vélos français d'occasion, on trouve des bicyclettes conçues entre 1950 et le tout début des années 1990, chinées aux quatre coins de la France pour ensuite être restaurées dans l'atelier de la rue du Ruisseau. Un vélo de route Motobécane, 18 vitesses et triple plateau, vous coûtera 350 €, un vélo de ville Peugeot monovitesse 250 €. Le charme désuet de ces pièces uniques a toutes les chances de vous séduire !

Animation Insertion Culture Vélo (AICV)

38 bis, quai de la Marne, 19e • M° Ourcq
Tél. 01 43 43 40 74

Fermé le lundi et le mardi d'avril à octobre, fermé le dimanche et le lundi de novembre à mars

aicv.net

BON PLAN • Cette structure associe tout à la fois des activités marchandes (location et réparation de vélos) et non marchandes, comme une vélo-école (voir p. 22-23), un projet “Vélo et handicap”, la formation et l'insertion de ses salariés, et le recyclage de bicyclettes. À l'atelier du quai de la Marne, au bord du canal de l'Ourcq, vous pouvez apporter le matin votre bécane à réparer. Dans l'immense hangar décoré de vélos peint en couleurs vives, Hamid et son équipe feront en sorte qu'elle scit traitée en vingt-quatre heures. L'association propose également de nombreux vélos d'occasion, entièrement révisés, vendus à des tarifs très avantageux (à partir de 50 € les cycles pour adultes, 15 € ceux pour les enfants). Surveillez les dates des prochaines ventes, qui ont généralement lieu le dimanche, sur sa page Facebook.

Emmaüs Défi

40, rue Riquet, 19e • M° Riquet
Tél. 09 70 81 89 60

Ouvert le mercredi après-midi et le samedi toute la journée

Facebook : Emmaüs Défi

NOUVELLE VIE • Dans le plus grand Emmaüs de Paris, vous trouverez en permanence cinq à dix vélos d'occasion entièrement restaurés. Les réparations sont effectuées en interne, dans l'atelier installé au fond de l'immense magasin. Sa création a plusieurs objectifs : permettre l'insertion professionnelle de salariés en les formant à la mécanique, donner une seconde vie à de vieux vélos récupérés et ainsi limiter les déchets. Sous la houlette de Geoffrey Méry, le chef d'atelier, deux salariés apprennent à manier la clé à rayon et la pince à maillon afin de remettre à neuf les nombreux deux-roues recueillis par l'association. La plupart des pièces détachées utilisées sont neuves. Une aubaine pour ceux qui recherchent un vélo d'occasion garanti sans mauvaise surprise !

PARIS À VÉLO EN CHIFFRES

On comptait 200 km de voies cyclables à Paris en 2001. Aujourd'hui, c'est 1 094 km qui s'offrent à vous ! Si on estime que le nombre de cyclistes parisiens a doublé depuis 2014, depuis quelques années la mairie de Paris a installé 125 compteurs de vélos pour mieux mesurer les flux de cyclistes. Résultat : on observe que la fréquentation des pistes cyclables a augmenté de 47 % en moyenne entre 2019 et 2020, et de 22 % entre 2020 et 2021.

Et demain ?
L'Ademe (Agence de l'environnement et de la maîtrise de l'énergie) prévoit qu'en 2030, entre 19,6 et 28,5 % des déplacements à Paris se feront à vélo, contre un peu plus de 5 % aujourd'hui. La capitale poursuit donc sa transformation avec un investissement de 250 millions d'euros pour le plan "Paris 100 % cyclable", dont 180 millions seront consacrés aux infrastructures cyclables et au stationnement. L'objectif, d'ici 2026, est de créer 130 km de nouvelles pistes, de pérenniser 52 km de "coronapistes" – mises en place pendant la crise sanitaire afin de désengorger les transports en commun –, et de développer 390 km de doubles sens cyclables.
La Ville de Paris prévoit également d'instaurer une nouvelle régulation des feux tricolores, qui jusqu'ici favorisait les voitures. Dorénavant, priorité aux bus, aux tramways et aux vélos !

2

Balades dans Paris et en Île-de-France

PARIS ARTY

1h20, 20 km
DÉPART : **Fondation Louis-Vuitton (16e)**
ARRIVÉE : **Esplanade Pierre-Vidal-Naquet (13e)**

Fondation Louis-Vuitton.

Notre balade débute à la **fondation Louis-Vuitton** A. Ce "vaisseau de verre", dessiné par l'Américain Frank Gehry, abrite la collection du groupe LVMH. De là, notre route mène à la place Jules-Renard, dans le 17e, où, devant l'état-major de la brigade de sapeurs-pompiers de Paris, une création de l'artiste chinois Wang Du célèbre le courage des soldats du feu. Intitulée ***La Tour d'exercice*** B, cette structure en acier de 11 mètres est inspirée de celle sur laquelle s'entraînent les pompiers dans la cour de la caserne. Descendons les Champs-Élysées pour rejoindre la réalisation monumentale de Jeff Koons (12 mètres de haut), le controversé ***Bouquet de tulipes*** C. Offerte par le plasticien américain à la Ville de Paris en hommage aux victimes des attentats, ce bouquet aux couleurs acidulées a pris racine dans les jardins des Champs-Élysées en 2019. Avançons jusqu'au jardin des Tuileries : prenez votre vélo à la main et parcourez l'esplanade qui mène au Jeu de Paume pour découvrir une œuvre d'une grande douceur signée Louise Bourgeois. ***The Welcoming Hands*** D est liée à l'expérience de l'émigration de l'artiste, qui disait d'elle : "Les mains sont généreuses, elles révèlent que nous aimons, quoi qu'il arrive." Empruntons la rue de Rivoli vers l'est pour nous rendre dans les jardins du Palais-Royal.

Bouquet de tulipes de Jeff Koons.

Colonnes de Buren au Palais-Royal.

Les Deux Plateaux **E**, ou colonnes de Buren, déploient leurs 260 cylindres zébrés de noir et blanc. Critiquées lors de leur installation en 1986, elles sont aujourd'hui victimes de leur succès, les Parisiens n'hésitant pas à les escalader ! Prenons la rue du Colonel-Driant pour rejoindre la toute nouvelle **Bourse de Commerce - Pinault Collection** **F**. Si l'édifice semble classique, son architecture intérieure a été entièrement repensée par le talentueux Tadao Ando (entrée gratuite à partir de 17h le premier samedi du mois). Quelques coups de pédale et nous voici sur le parvis du centre Pompidou. C'est ici qu'est reconstitué l'atelier du sculpteur roumain **Constantin Brancusi** **G** (visite libre et gratuite). Riche de 137 sculptures originales, cet atelier-musée est une œuvre d'art totale, à ne pas manquer. Au sud du parvis se trouve la **fontaine Stravinsky** **H**, hommage de Niki de Saint Phalle et Jean Tinguely au célèbre compositeur russe. Une création tout en mouvements, en sons et en variations ! Traversons la Seine, vers le quai Saint-Bernard et son musée de la Sculpture en plein air : il rassemble 38 sculptures contemporaines, que l'on peut admirer de jour comme de nuit, signées César, Constantin Brancusi, Jean Arp ou encore Ossip Zadkine. En suivant le quai d'Austerlitz, nous voici face à un dragon dont le corps, dans lequel l'eau circule à haute pression, semble surgir de terre à trois endroits distincts. Intitulée ***La Danse de la fontaine émergente*** **I**, l'œuvre de Chen Zhen et Xu Min, son épouse, symbolise l'énergie puisée dans la Seine pour alimenter la ville. Dernière étape de notre parcours, longeons le quai François-Mauriac pour rejoindre la sculpture monumentale de Nancy Rubins, ***Monochrome for Paris*** **J**. L'artiste texane a rassemblé des dizaines de canoës en un immense bouquet repoussant les limites de la gravité.

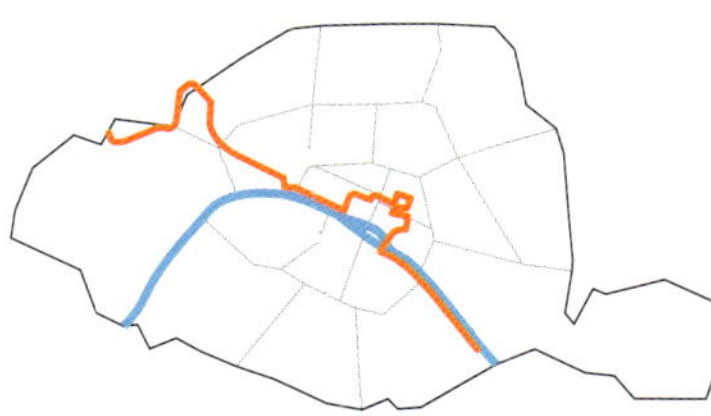

Flashez
pour accéder à l'itinéraire et aux étapes

PARIS ARCHI

1h40, 26 km
DÉPART : **Arche de la Défense (92)**
ARRIVÉE : **Philharmonie de Paris (19e)**

L'**Arche de la Défense** A, emblématique des grands travaux réalisés par François Mitterrand lors de son premier mandat, est le point de départ de cet itinéraire. Construite par l'architecte danois Johan Otto von Spreckelsen, elle fut inaugurée en 1989, lors du bicentenaire de la Révolution. Elle s'inscrit dans l'axe historique de Paris, une ligne droite de 8 kilomètres reliant la Défense à la statue équestre de Louis XIV dans la cour Napoléon du Louvre. Empruntons l'esplanade Charles-de-Gaulle en direction de Paris, et suivons cet axe jusqu'à l'Arc de Triomphe, puis descendons jusqu'à la Seine et le quai Jacques-Chirac pour admirer la superbe façade végétalisée du **musée du Quai Branly** B. Signé Jean Nouvel, ce bâtiment sur pilotis inauguré en 2006 abrite les anciennes collections d'ethnologie du musée de l'Homme et du musée national des Arts d'Afrique et d'Océanie. Le jardin, en accès libre, est une invitation à la rêverie : sentiers, petites collines, jeux d'eau, etc. 169 arbres et une trentaine d'espèces végétales y sont rassemblés. Traversons à nouveau la Seine pour nous diriger vers la **pyramide du Louvre** C, érigée au centre de la cour principale du musée. Commandée en 1983 par François Mitterrand, cette structure pesant 200 tonnes et composée de 603 losanges et 70 triangles de verre avait suscité à l'époque une importante polémique. Conçue par Ieoh Ming Pei, architecte américain d'origine

Canopée des Halles.

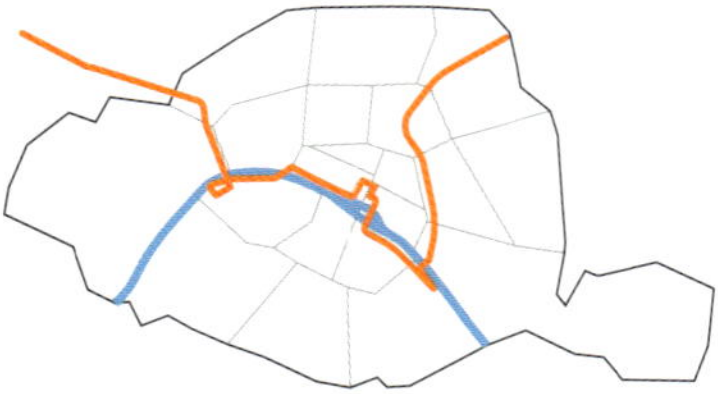

Flashez pour accéder à l'itinéraire et aux étapes

chinoise, elle est aujourd'hui célébrée comme une réussite. Continuons vers le cœur de Paris pour admirer la **Canopée des Halles** D, des architectes Patrick Berger et Jacques Anziutti. Achevée en 2016, cette gigantesque vague de métal et de verre doré ondule au-dessus des Halles de Paris, et marque l'entrée du centre commercial et de la plus vaste gare souterraine d'Europe. Dirigeons-nous vers le **centre Pompidou** E, l'immense vaisseau coloré conçu par Renzo Piano et Richard Rogers, livré en 1977. Continuons notre périple en remontant la Seine jusqu'à l'**Institut du monde arabe** F, imaginé par Jean Nouvel et Architecture-Studio. Sa façade sud est une mosaïque de 240 moucharabiehs qui s'ouvrent et se ferment en fonction de la luminosité.

Institut du monde arabe.

Longeons le fleuve jusqu'à la **Cité de la mode et du design** G, reconnaissable à sa façade verte. Le bâtiment, dessiné par les architectes Jakob + MacFarlane, est devenu un haut lieu des nuits parisiennes et abrite l'Institut français de la mode. Dirigeons-nous ensuite vers le nord de Paris, et faisons escale à la **Maison de l'architecture** H, siège de l'Ordre des architectes d'Île-de-France. Elle accueille régulièrement des

Philharmonie de Paris.

expositions et événements. Aux beaux jours, ne manquez pas de faire une pause sur l'agréable terrasse du Café A, installé dans le jardin ! Dernière étape de notre parcours, la **Philharmonie de Paris** I, installée depuis 2015 entre le parc de la Villette et le périphérique. Sa silhouette imposante, imaginée par Jean Nouvel, abrite un complexe inédit dédié à la musique sous toutes ses formes. Pour clore cette promenade, accédez au toit du bâtiment, que l'architecte a pensé comme une colline. À 37 mètres au-dessus du sol, il offre une vue imprenable sur le Grand Paris !

PARIS ART DÉCO

1h30, 21 km
DÉPART : **Restaurant Prunier (16ᵉ)**
ARRIVÉE : **Palais de la Porte-Dorée - musée national de l'Histoire de l'immigration (12ᵉ)**

Commençons notre parcours par le **restaurant Prunier** A, ouvert en 1925 à l'angle de l'avenue Victor-Hugo et de la rue de Traktir. Il doit sa façade en mosaïque au maître verrier Auguste Labouret, auteur de nombreux vitraux religieux. Traitée dans une subtile gamme de bleus associée au noir et à l'or, elle évoque l'univers marin et enveloppe littéralement le restaurant. Prenons ensuite l'avenue Kléber jusqu'au **palais de Chaillot** B. Édifié pour l'Exposition internationale de 1937, il est l'œuvre de Carlu, Boileau et Azéma, qui firent le choix d'un classicisme moderne, en vogue dans l'entre-deux-guerres. Quarante sculpteurs, vingt peintres et un ferronnier d'art en ont décoré les intérieurs et les extérieurs. Un peu plus loin, nous voici devant le **théâtre des Champs-Élysées** C. Conçu par les frères Perret et inauguré en 1913, c'est le premier édifice public entièrement construit en ciment armé. Les bas-reliefs de marbre blanc sont d'Antoine Bourdelle, la coupole de Maurice Denis, et les panneaux décorés par Édouard Vuillard, rien que ça ! Empruntons la piste cyclable qui longe la Seine, puis remontons la rue du Louvre et la rue Montmartre en direction du **Grand Rex** D. Inédit dans le paysage parisien, ce cinéma doit sa décoration à Maurice Dufrêne. Le plafond peint de la salle de 3500 places donne l'illusion d'un ciel étoilé ; sur les côtés, des architectures évoquent un paysage urbain ; et un immense arc-en-ciel crée le cadre de scène. À quelques coups de pédale se trouvent les **Folies Bergère** E, rénovées en 1926, devenant ainsi l'un des bâtiments les plus populaires de l'esthétique Art déco. La danseuse de la façade du music-hall est signée du sculpteur Pico. Suivons la rue La Fayette jusqu'au boulevard de Magenta et remontons vers le boulevard de la Chapelle. Face au métro Barbès-Rochechouart se dresse

Théâtre des Champs-Élysées.

Cinéma Le Louxor.

Le Louxor F, qui ouvrit ses portes en 1921. C'est le plus bel exemple d'égyptomanie Art déco de Paris : admirez les superbes frises de mosaïque en façade. Empruntons la piste cyclable qui longe la ligne 2 jusqu'au **palais du Commerce** G, 105, rue du Faubourg-du-Temple. Célèbre pour abriter en sous-sol La Java – où Édith Piaf et Maurice Chevalier ont débuté –, cet ensemble, avec sa toiture de béton délicatement ondulée et ses ferronneries Art déco, comprenait à l'origine une cinquantaine de magasins et d'ateliers, renouvelant le genre du passage parisien du XIXe siècle. Reprenons la piste cyclable jusqu'au métro Picpus puis dirigeons-nous vers le bois de Vincennes pour terminer notre parcours au **palais de la Porte-Dorée (musée national de l'Histoire de l'immigration)** H. Seul édifice pérenne de l'Exposition coloniale de 1931, c'est une synthèse du style Art déco contemporain, de l'architecture classique française et d'éléments librement inspirés de l'art des colonies. Appréciez la majestueuse "tapisserie de pierre" de la façade, du sculpteur Alfred Auguste Janniot, témoignage d'une tendance de l'esthétique Art déco nourrie d'exotisme.

Palais de la Porte-Dorée.

• Pour en savoir plus sur cette thématique : ***Architectures Art déco, Paris et environs*** de Simon Texier, paru aux éditions Parigramme en 2022.

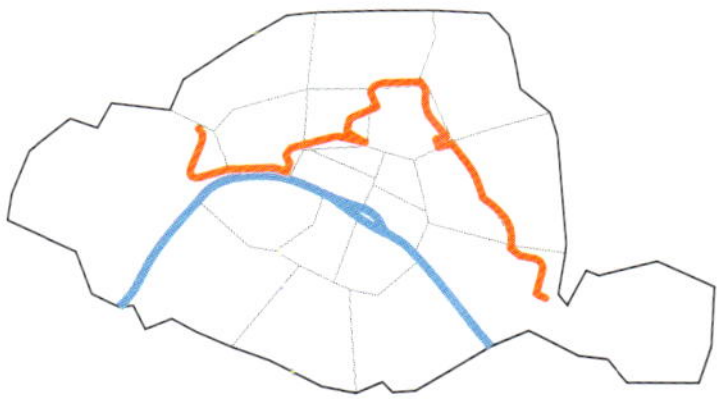

Flashez pour accéder à l'itinéraire et aux étapes

PARIS ASIE

1h30, 24 km
DÉPART : **Cinéma La Pagode (7e)**
ARRIVÉE : **Jardin d'agronomie tropicale René-Dumont (12e)**

L'itinéraire commence devant une curiosité du 7e arrondissement, la mythique salle d'art et d'essai **La Pagode** A qui rouvre ses portes en 2022 après de longs mois de travaux. Cette construction inspirée des temples de Nikko Tosho-gu fut bâtie en 1896, en plein japonisme triomphant. Continuons notre parcours en traversant la Seine, direction la place d'Iéna et **musée national des Arts asiatiques - Guimet** B. Il porte le nom d'Émile Guimet, industriel lyonnais qui fit don de ses trésors à l'État, et possède les plus importantes collections d'art asiatique en dehors de l'Asie : 60 000 objets, dont 4 000 sont exposés, provenant de 27 pays.

Musée national des Arts asiatiques - Guimet.

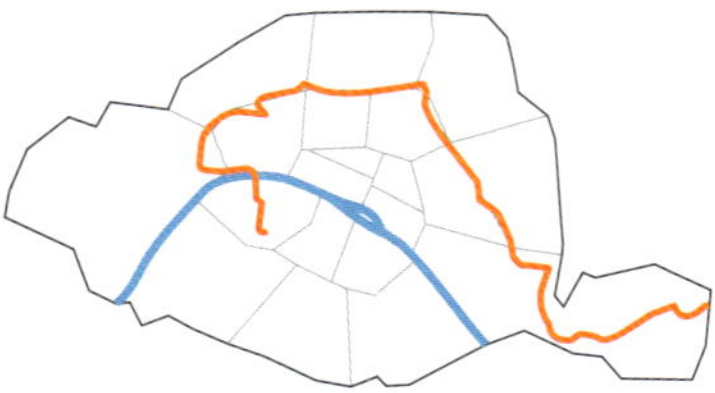

Flashez pour accéder à l'itinéraire et aux étapes

Empruntons ensuite l'avenue d'Iéna en direction du parc Monceau. Au détour des rues de Courcelles, Rembrandt et de Monceau, impossible de passer à côté de la façade rouge vermillon de la magnifique **Pagode** C, avec ses avant-toits recourbés, couverts de tuiles vernies. À l'origine, cette adresse était celle d'un hôtel particulier du XIXe siècle. En 1925, l'édifice fut racheté par un homme d'affaires et collectionneur d'art asiatique, le Chinois Ching Tsai Loo, qui confia à l'architecte Fernand Bloch le soin de le métamorphoser en pagode. Elle abrite aujourd'hui sa collection d'art asiatique. Traversons le parc Monceau pour rejoindre le **musée Cernuschi** D, un élégant hôtel particulier situé en lisière du parc. Cet écrin fut voulu par l'homme d'affaires et républicain italien Henri Cernuschi pour

Pagode de la rue de Courcelles.

y exposer sa collection d'art asiatique : des pièces venues de Chine, mais aussi du Japon, du Viêtnam ou de Corée, achetées en quantité par l'industriel lors de ses voyages, entre 1871 et 1873, ou acquises par l'établissement, propriété de la Ville de Paris, à laquelle il les avait léguées. Empruntons ensuite la piste cyclable qui suit la ligne 2 du métro parisien, puis arrêtons-nous pour déjeuner à l'angle de la rue du Faubourg-du-Temple et du boulevard de la Villette, au **restaurant Le Président** E. Avec son décor de boiseries sombres, ses murs de velours rouge et ses frises de dragons dorés, c'est un incontournable pour les amateurs de cuisine chinoise et les fêtards qui viennent y passer de joyeuses soirées karaoké ! Le ventre plein, prenons la direction du bois de Vincennes : c'est ici, dans une **pagode bouddhiste** F, que se trouve le plus grand bouddha d'Europe. Recouverte de feuilles d'or, cette statue de fibre de verre et de résine mesure 9 mètres de haut. Vestige de l'Exposition coloniale de 1931, la pagode avait été conçue pour abriter le pavillon du Cameroun, d'où son architecture d'inspiration africaine. Les bâtiments sont dédiés depuis 1978 au Centre bouddhique de Vincennes. En bordure est du bois, on découvre le **jardin d'agronomie tropicale René-Dumont** G et sa "porte sacrée" chinoise, datant de 1907. Un peu plus loin, voici un stupa bouddhiste. Ces vestiges de plusieurs expositions coloniales sont marqués par les années et confèrent à l'ensemble un air hors du temps. Seul le pavillon d'Indochine a été restauré : il accueille des conférences et des expositions autour de l'écologie.

Intérieur de la pagode bouddhiste.

PARIS CINÉMA

1h35, 22 km

DÉPART : **Pont de Bir-Hakeim (15e)**

ARRIVÉE : **Cinémathèque française (12e)**

Paris est une véritable star de cinéma ! Notre balade dédiée au septième art débute sous les poutres et la charpente d'acier du **pont de Bir-Hakeim** **A** : au début du film *Inception*, c'est ici que Leonardo DiCaprio, alias Dom Cobb, apprend à Ellen Page à créer des rêves. Cette scène va déterminer la suite de l'histoire… Longeons la Seine jusqu'à la **tour Eiffel** **B**. Des films d'animation aux grands classiques du cinéma américain en passant par les films d'aventures ou romantiques, cette grande actrice sait s'adapter à tous les styles ! Elle joue souvent les premiers rôles, comme lors d'une course-poursuite vertigineuse entre James Bond et May Day dans *Dangereusement vôtre*. Poursuivons le long du fleuve jusqu'au Grand Palais et le rond-point des **Champs-Élysées** **C**.

Pont de Bir-Hakeim.

Moulin Rouge de Baz Luhrmann.

La perspective de l'avenue nous rappelle immédiatement la scène culte dans *À bout de souffle*, où Jean-Paul Belmondo et Jean Seberg déambulent sur les Champs-Élysées. Direction le nord de Paris pour rendre hommage au **Moulin Rouge** **D**, star du film de Baz Luhrmann sorti en 2001. Nous sommes au pied de Montmartre, ce quartier cher à Amélie Poulain. C'est un peu plus haut, dans le célèbre **Café des 2 Moulins** **E** de la rue Lepic, que l'héroïne de Jeunet travaille en tant que serveuse. Au 56, rue des Trois-Frères se tient la fameuse épicerie Collignon, qui affiche fièrement les photos de tournage avec Jamel Debbouze. Laissons-nous porter vers le centre de Paris, là où Rémy dans *Ratatouille* perd ses illusions. Alors que le petit rat est persuadé qu'une amitié avec les humains est possible, son père l'emmène devant un magasin des Halles. Il s'agit d'**Aurouze** **F**, "spécialiste de la

Épicerie d'Amélie Poulain.

lutte contre les nuisibles à Paris depuis 1872", et inventeur de la tapette à souris, qui expose ses victimes en vitrine ! D'un coup de pédale, rejoignons les bords de Seine qui ont inspiré de superbes histoires à de grands cinéastes. *Minuit à Paris*, de Woody Allen, est une véritable déclaration d'amour à la capitale, avec cette scène romantique tournée sur les **quais de Seine** G. Paris inspire aussi les auteurs de polars : *Da Vinci Code* entraîne le spectateur sur les pas d'un professeur de Harvard,

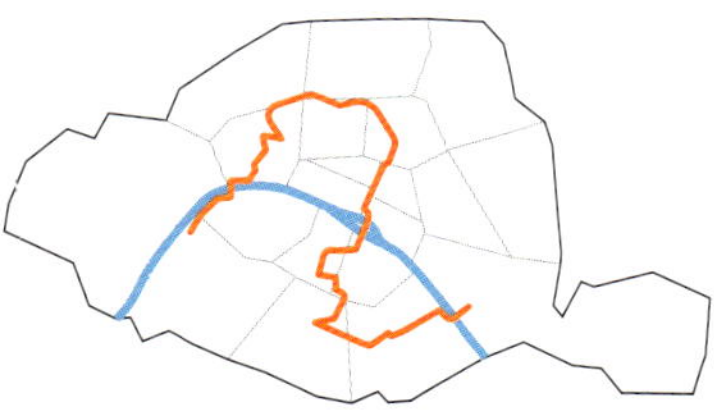

Flashez
pour accéder à l'itinéraire et aux étapes

Robert Langdon, éminent spécialiste de l'étude des symboles, tandis qu'il est appelé d'urgence au Louvre, où le conservateur du musée a été assassiné. L'**église Saint-Sulpice** H est au centre de l'intrigue : c'est ici que le meurtrier se rend à la recherche de la clé de voûte. En longeant le Luxembourg, puis l'avenue Denfert-Rochereau, on atteint le **Lion de Belfort** I. La plus parisienne des réalisatrices, Agnès Varda, qui habitait rue Daguerre, s'amuse à le faire dis-

Cinémathèque française.

paraître dans son court-métrage *Le Lion volatil*. Empruntons la piste cyclable qui suit le métro aérien pour rejoindre notre dernière étape, la **Cinémathèque française** J. Dans le bâtiment réalisé par Frank Gehry, on célèbre le cinéma sous toutes ses formes. Ne manquez pas le nouvel espace dédié à Georges Méliès, qui propose un passionnant voyage dans l'histoire du cinéma.

• Pour en savoir plus sur cette thématique : ***Paris, 100 films de légende*** de Philippe Lombard, paru aux éditions Parigramme en 2018.

PARIS LITTÉRAIRE

1h, 7 km
DÉPART : **33, rue Lhomond (5e)**
ARRIVÉE : **2, place Edmond-Rostand (6e)**

Notre balade littéraire débute dans le 5e arrondissement, au **33, rue Lhomond** A, qui sert de modèle à **Victor Hugo** dans *Les Misérables*. L'écrivain raconte la fuite de Jean Valjean et Cosette poursuivis par Javert : "En quelques enjambées il fut à la rue du Pot-de-Fer-Saint-Marcel qui coupe la rue des Postes à angle droit. Il allait s'y jeter lorsqu'il aperçut à l'autre bout de la rue, au coin de la rue Neuve-Sainte-Geneviève, un fantôme debout et immobile qui gardait le passage." C'est justement au **6, rue du Pot-de-Fer** B que **George Orwell** pose ses valises au printemps 1928. Il relate les trois derniers mois de son séjour

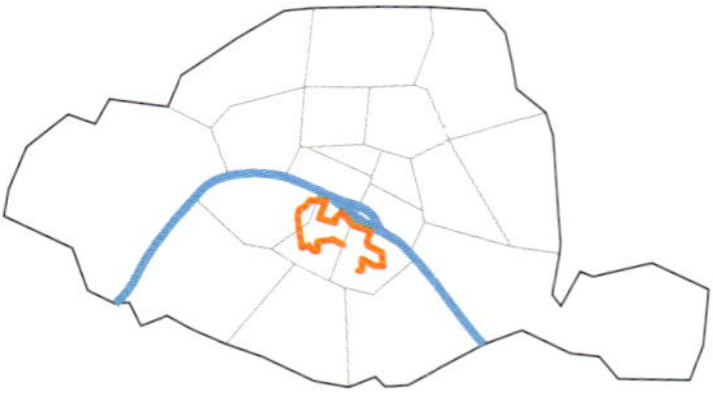

Flashez pour accéder à l'itinéraire et aux étapes

Victor Hugo.

parisien dans *Dans la dèche à Paris et à Londres* : "C'était une rue très étroite, une sorte de gorge encaissée entre de hautes maisons aux façades lépreuses figées dans de bizarres attitudes penchées, comme si le temps s'était arrêté au moment précis où elles allaient s'abattre les unes sur les autres." Empruntons la rue Mouffetard et traversons la place de la Contrescarpe jusqu'au **74, rue du Cardinal-Lemoine** C. En 1922, **Ernest Hemingway** s'installe au quatrième étage de l'immeuble. Dans *Paris est une fête*, il décrit son logis : "Notre foyer, rue du Cardinal-Lemoine, était un appartement de deux pièces, sans eau chaude courante, ni toilettes, sauf un seau hygiénique, mais non pas entièrement dépourvu de confort pour

Georges Perec.

qui était habitué aux cabanes du Michigan. C'était un appartement gai et riant, avec une belle vue, un bon matelas et un confortable sommier posé à même le plancher et des tableaux que nous aimions, accrochés aux murs." En lisière du Jardin des plantes, pénétrons dans l'univers de **Georges Perec**. L'écrivain vivait au **5, rue de Quatrefages** D. C'est au numéro 7, qui n'existe pas en réalité, qu'il loge Jérôme et Sylvie, ce couple amoureux des *Choses*, dans un appartement au plafond bas, aux bons vieux livres, avec ses piles de journaux. Descendons la rue Cuvier jusqu'aux quais de Seine et longeons le fleuve jusqu'au quai de la Tournelle. Dans *Un cirque passe* de **Patrick Modiano**, faux roman policier, un café occupe une place importante : "Il m'a cité le nom d'un café. J'avais beau lui répéter que je n'y avais jamais mis les pieds, je sentais bien qu'il ne me croyait pas. Enfin, il s'est résolu à taper la phrase suivante : 'Je passe mes heures de loisir au cinéma et dans les librairies. Je n'ai jamais fréquenté le **café de la Tournelle, 61, quai du même nom** E.'" Aujourd'hui, on trouve à la place de ce mystérieux café une épicerie italienne. Au **10, rue Dauphine** F, non loin, c'est un bar à vin qui se tient en lieu et place du bistrot du commissaire Maigret. Celui-ci y déjeune souvent, assis au fond de la brasserie. "À dix heures du matin, il était installé à la Chope-du-Pont-Neuf et il avait choisi une table que le soleil atteignait par intermittence." C'est le commissaire Massu, l'un des modèles de Maigret, qui avait fait connaître ce bistrot à **Georges Simenon**. Autre illustre habitant du quartier, **Marcel Proust** se rendait régulièrement au restaurant Lapérouse, une institution établie au **51, quai des Grands-Augustins** G. →

Restaurant Lapérouse.

Swann y a ses habitudes dans *La Recherche* : "Certains jours, au lieu de rester chez lui, il allait prendre son déjeuner dans un restaurant assez voisin dont il avait apprécié autrefois la bonne cuisine et où maintenant il n'allait plus que pour une de ces raisons, à la fois mystiques et saugrenues, qu'on appelle romanesques ; c'est que ce restaurant [...] portait le même nom que la rue habitée par Odette : Lapérouse." À la même époque, **Oscar Wilde** loge dans un petit hôtel minable du **13, rue des Beaux-Arts** H – devenu un hôtel de luxe. Il le décrit en ces termes à son éditeur : "Cette pauvreté vous brise réellement

Oscar Wilde.

le cœur : c'est si sale, si totalement déprimant et sans espoir." La légende veut qu'il lui écrive à nouveau : "Mon papier peint et moi nous livrons un duel à mort. L'un ou l'autre de nous va devoir s'en aller." C'est lui qui part le premier, laissant une note impayée. Sans rancune, le patron de l'hôtel fit porter une couronne mortuaire avec ces mots :

Plaque du 19, quai Malaquais.

"À notre locataire." Rejoignons à nouveau les quais de Seine, au **19, quai Malaquais** I. C'est ici que **George Sand** emménage en octobre 1832. Elle écrit à son fils : "Le soir, c'est silencieux et tranquille comme Nohant : c'est très commode pour travailler. Aussi je travaille beaucoup." Dirigeons-nous vers l'hôtel Pont Royal, **7, rue Montalembert** J, en passant devant les éditions Gallimard. **Sartre** s'y réfugie pour échapper aux importuns et aux touristes qui ont envahi le Flore. "À l'époque, écrit Truman Capote, le Pont-Royal avait un petit bar en sous-sol aux fauteuils de cuir qui était l'abreuvoir préféré des grands mammifères de la haute bohème. Un œil noyé, l'autre à la dérive, ce louchon de Sartre, pipe au bec, teint terreux, et sa taupe de Beauvoir, sentant la jeune fille prolongée, étaient généralement calés dans un coin." Les amateurs pourront y boire un verre, dans une ambiance feutrée. Rejoignons le jardin du Luxembourg pour rendre visite à **Jacques Prévert**, qui s'installe en 1952 au numéro 4 de la rue qui longe le jardin. Lorsque la rue du Luxembourg devient la **rue Guynemer** K, honorant un aviateur pour lequel Prévert n'a pas la moindre sympathie, il écrit, furieux : "C'est toujours la même rue / c'est toujours le même jardin / c'est toujours le Luxembourg / [...] Alors on se demande / on se demande vraiment / ce qu'un aviateur mort vient foutre là-dedans." Notre itinéraire s'achève de l'autre côté du jardin du Luxembourg, au **2, place Edmond-Rostand, anciennement 19, rue de Médicis** L, où naquit **André Gide**. "Mes parents occupaient alors, rue de Médicis, un appartement au quatrième ou cinquième étage, qu'ils quittèrent quelques années plus tard, et dont je n'ai pas gardé souvenir. Je revois pourtant le balcon ; ou plutôt ce qu'on voyait du balcon : la place à vol d'oiseau et le jet d'eau de son bassin – ou, plus précisément encore, je revois les dragons de papier, découpés par mon père, que nous lancions du haut de ce balcon, et qu'emportait le vent, par-dessus le bassin de la place, jusqu'au jardin du Luxembourg où les hautes branches des marronniers les accrochaient."

Domicile de Jacques Prévert, rue Guynemer.

André Gide.

• Pour en savoir plus sur cette thématique : ***Promenades littéraires dans Paris*** de Gilles Schlesser, paru aux éditions Parigramme en 2017.

PARIS VILLAGES

1h, 14 km
DÉPART : **Bercy Village (12e)**
ARRIVÉE : **69, rue Violet (15e)**

Bercy Village.

En lisière de l'enceinte des Fermiers généraux se trouve un Paris épargné par Haussmann, le Paris des villages, qui, par certains endroits, oscille toujours entre ville et campagne. Commençons notre visite des anciens villages du sud de Paris par celui de **Bercy** A, dans le 12e arrondissement. Approvisionné par voie fluviale et par le rail, il s'imposa comme la première place de commerce du vin à Paris... et dans le monde. Les chais déversaient chaque année plus de 3 millions d'hectolitres dans les gargotes et les restaurants de la capitale et de sa banlieue. Les entrepôts périclitèrent dans les années 1960. Restaurés, ces chais constituent aujourd'hui Bercy Village, centre commercial en plein air comprenant de nombreux restaurants et boutiques.Traversons la Seine pour découvrir le **village de Gentilly**, étroitement lié à la présence de la Bièvre. On y trouvait toutes sortes d'industries en rapport avec l'eau : tanneries, mégisseries, teintureries et blanchisseries. L'hiver, lorsque l'eau gelait, on se servait des blocs de glace pour y conserver les denrées périssables, ce qui donna son nom à la **rue de la Glacière** B. Certaines rues de la **Butte-aux-Cailles** C, petite colline d'une soixantaine de mètres d'altitude, ont aussi gardé le charme de la campagne. Au 10, rue Daviel, la **petite Alsace** D est un charmant lotissement d'une quarantaine de maisons. Bâties au début du XXe siècle dans un style librement "alsacien", elles étaient destinées à des ménages ouvriers. Le coteau était planté de vignes,

La petite Alsace.

Villa Hallé.

et le plateau miné de galeries de carrières. C'est à ce sous-sol que la pittoresque **Cité florale** **E** doit sa survie : ici, impossible de construire en hauteur, vu la configuration du terrain ! En route pour l'ancien village de Montrouge, dans le 14e arrondissement, qui fut un temps une réserve à gibier pour les chasses royales. Les sous-sols de Montrouge furent exploités depuis le Moyen Âge pour extraire le calcaire sous forme de pierres à bâtir : la pierre de Montrouge était réputée pour sa dureté et sa densité. Les **villa Hallé** **F** et **villa d'Alésia** **G**, avec leurs petites maisons basses, ont conservé le charme d'antan. Avançons jusqu'à **Vaugirard**, dans le 15e arrondissement. Le village se développa à partir du XVIIIe siècle. Autour du petit bourg s'étendaient les champs et les vignes, paysage ponctué par quelques silhouettes de moulins à vent et sillonné de chemins ruraux. Faites escale à la Ruche, **2, passage de Dantzig** **H**, une soixantaine d'ateliers y ont été aménagés au tout début du XXe siècle en récupérant des éléments d'architecture provenant de l'Exposition universelle de 1900. Ses murs ont abrité Modigliani, Soutine, Zadkine, Krémègne, Brancusi, Chagall... Enfin, nous voici au village de Grenelle, dernière étape de notre balade. Une maison à l'allure villageoise caractéristique, avec son toit recouvert de tuiles, se trouve **à l'angle des rues des Entrepreneurs et du Commerce** **I**. La maison du **69, rue Violet** **J**, elle, fut la mairie de la commune de Grenelle entre 1841 et 1860.

• Pour en savoir plus sur cette thématique : ***Villages et faubourgs de Paris*** de Yvan Tessier, paru aux éditions Parigramme en 2018, et ***Promenades dans les villages de Paris*** de Dominique Lesbros, paru aux éditions Parigramme en 2009.

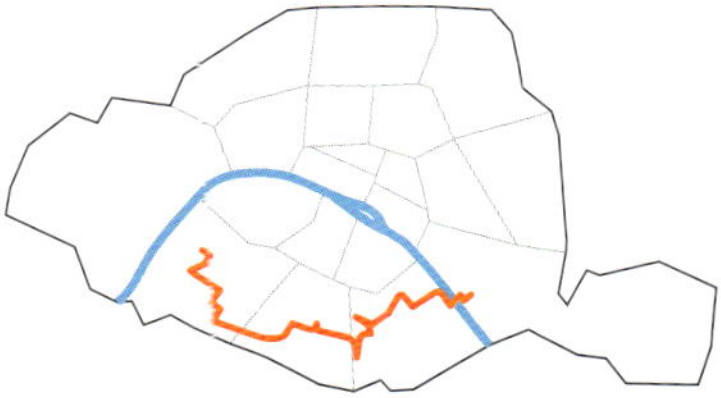

Flashez
pour accéder
à l'itinéraire
et aux étapes

PARIS ROYAL

1h20, 16 km
DÉPART : **Place de la Concorde (8e)**
ARRIVÉE : **Château de Vincennes (Vincennes)**

Revisitons l'histoire des rois de France en quelques coups de pédale : notre itinéraire démarre **place de la Concorde** A. Propres à l'Ancien Régime, les places royales étaient des aires de promenade conçues pour l'exposition et l'admiration de la statue du souverain. Louis XV fait aménager la sienne : l'immense place de la Concorde, dans la perspective des Tuileries et des Champs-Élysées. En son centre trône une statue équestre du roi, envoyée à la fonte en 1792. L'obélisque que nous connaissons est rapporté de Louxor et installé en 1836, sous Louis-Philippe. Rejoignons le **Palais-Royal** B, édifié pour le cardinal de Richelieu. Le corps principal, face au Louvre, devient résidence royale pendant la régence d'Anne d'Autriche, puis de la famille d'Orléans à partir de 1715. Toute proche, une autre place royale nous attend, **la place des Victoires** C. Elle fut offerte au roi Louis XIV par un courtisan, le duc de La Feuillade. En son milieu, une

Place des Victoires.

statue figure le Roi-Soleil à cheval. La rue Croix-des-Petits-Champs nous mène tout droit au **palais du Louvre** D, résidence royale puis musée à partir de 1793. De la forteresse de Philippe Auguste au palais d'inspiration italienne de François Ier, puis à la Cour carrée de Louis XIV, son histoire est celle d'une perpétuelle métamorphose. Traversons la Seine jusqu'à la **place Dauphine** E, construite à la gloire du pouvoir royal par Henri IV, qui fait

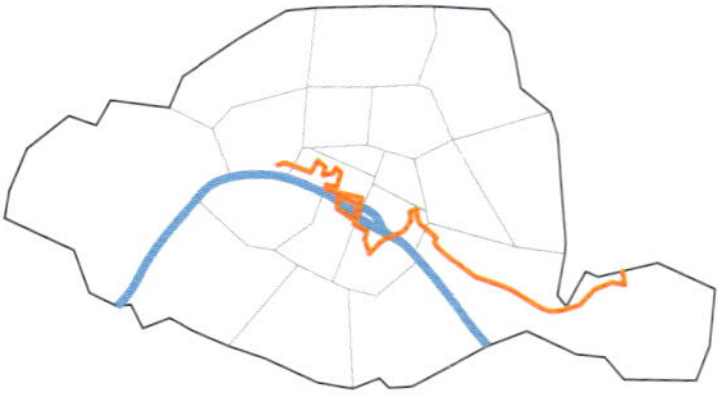

Flashez pour accéder à l'itinéraire et aux étapes

Sainte-Chapelle.

aménager, en 1607, une aire triangulaire à la pointe ouest de l'île de la Cité. Elle doit son nom au Dauphin, fils d'Henri IV et futur Louis XIII. Constituée à l'origine de 32 pavillons identiques, en brique et pierre, avec des arcades pleines et un toit d'ardoise, elle relie le Pont-Neuf au Palais de Justice. Toujours sur l'île de la Cité se trouve la **Sainte-Chapelle** F, édifiée par Saint Louis qui voulait un écrin pour les reliques de la Passion du Christ. Chef-d'œuvre de l'art gothique rayonnant, elle est bâtie en 1248, au cœur de son palais de la Cité. Les reliques ont aujourd'hui disparu, mais restent les splendides vitraux, un ensemble unique composé de 1 113 scènes figurées. Effectuons un détour par le vestige de l'**enceinte de Philippe Auguste** G que l'on peut observer rue Clovis. Cette muraille, souhaitée par le roi avant son départ en croisade, devait protéger Paris de toute invasion pendant son absence. Il faudra trente années pour bâtir ce rempart. Traversons la Seine pour rejoindre la **place des Vosges** H, place royale à la gloire d'Henri IV. Non loin se tient la **place de la Bastille** I, symbole de la Révolution française. C'est ici que se dressait la célèbre forteresse de la Bastille, construite sous le règne de Charles V. À la veille de sa prise par le peuple parisien le 14 juillet 1789, elle devient le symbole de l'arbitraire royal et du pouvoir absolu. Enfin, direction le bois de Vincennes via la coulée verte, jusqu'au **château de Vincennes** J. C'est Charles V qui transforma le pavillon de chasse édifié par Louis VII en une splendide résidence royale. De Charles VI à Louis XIII, Vincennes reste l'une des principales résidences des rois de France, jusqu'à ce que Louis XIV, malgré les travaux réalisés par Louis Le Vau, lui préfère Versailles (voir balade p. 110-111).

Château de Vincennes.

PARIS DES FEMMES ILLUSTRES

1h15, 17 km
DÉPART : **11 bis, rue d'Orchampt (18e)**
ARRIVÉE : **30, boulevard des Invalides (7e)**

Maison de Dalida, rue d'Orchampt.

Notre itinéraire débute à Montmartre, devant la maison qu'occupait **Dalida** depuis 1962, au **11 bis, rue d'Orchampt** **A**. Non loin, une place porte son nom, présentant en son centre une statue à son effigie. Descendons la Butte pour rejoindre le **16, rue Jean-Baptiste-Pigalle** **B**, où habita **George Sand**. Balzac décrit les lieux en 1841 : "Elle demeure rue Pigalle, 16, au fond d'un jardin, au-dessus des remises et des écuries d'une maison qui est sur la rue. [...] Son petit salon est couleur café au lait et le salon où elle reçoit est plein de vases chinois superbes, pleins de fleurs." Sand y accueille toutes les célébrités romantiques de l'époque, tandis que Chopin donne des leçons de piano. Le **Palais-Royal** **C** est le dernier lieu de résidence de **Colette** : clouée par l'arthrite dans son "lit-radeau", l'écrivaine observe les jardins de sa fenêtre, décrivant "une toute petite ville de province dans Paris". Traversons la Seine vers le **13, rue de Savoie** **D**, où

Jardins du Palais-Royal.

Sophie Germain vécut jusqu'à sa mort, en 1831. Passionnée par les mathématiques, la jeune fille dut s'inventer alors un pseudonyme masculin pour pouvoir accéder à l'École polytechnique de Paris. Elle fit de très nombreuses découvertes, dont le fameux théorème qui porte son nom. Quelques rues plus loin, levons la tête vers la fenêtre de **Simone de Beauvoir** au **11, rue de la Bûcherie** **E**, où elle écrivit *Le Deuxième Sexe* et *Les Mandarins*. Montons vers le **Panthéon** **F**, pour rendre hommage à **Joséphine Baker**.

Panthéon.

L'artiste franco-américaine, figure de la Résistance et de la lutte antiraciste, y a fait son entrée lors d'une cérémonie solennelle en novembre 2021. Plus au sud, c'est à **Marie Curie** que l'on rend visite. Au **24, rue de la Glacière** G, elle entreprend des recherches sur un nouveau phénomène qu'elle baptise la radioactivité. Ses travaux avec son mari et Becquerel valent au trio l'attribution du prix Nobel de physique en 1903. Après la mort de Pierre Curie, Marie le remplace à son poste de professeur à la Sorbonne. En 1911, elle obtient le prix Nobel de chimie pour sa découverte du radium et du polonium. Elle est la première femme à avoir reçu un prix Nobel, et, à ce jour, la seule à en avoir reçu deux. Autre pionnière, cette fois-ci du septième art, **Agnès Varda** s'installe dans les années 1950 au **86, rue Daguerre** H. Figure du quartier, auquel elle a consacré le film *Daguerréotypes*, cette icône de la Nouvelle Vague a vécu soixante ans dans cette charmante maison à la façade rose.

Poursuivons vers le 15e arrondissement et arrêtons-nous devant le **13, rue Meilhac** I, où se trouvait la Maison verte de **Françoise Dolto**. La psychanalyste laisse une formule célèbre : "En naissant, un enfant transforme deux adultes en parents. On peut dire ainsi que c'est l'enfant qui fait les parents." Terminons notre parcours au **30, boulevard des Invalides** J, siège de la Fondation de la Résistance. **Lucie Aubrac** en fut la vice-présidente d'honneur. Cette grande figure de la Résistance ne cessa jamais de militer, résumant son credo d'une phrase : "Le mot résister doit toujours se conjuguer au présent." Une nouvelle station de la ligne 4, à Bagneux, porte son nom. Paris se féminise !

• Pour en savoir plus sur cette thématique : ***Elles, ces Parisiennes*** de Claire Lemonnier, paru aux éditions Parigramme en 2018.

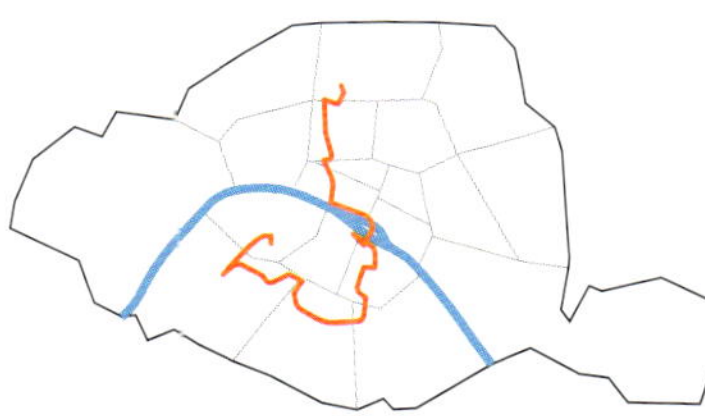

Flashez pour accéder à l'itinéraire et aux étapes

PARIS SECRET : LE MARAIS

1h, 7 km
DÉPART : **Parvis de Notre-Dame (4e)**
ARRIVÉE : **Rue des Jardins-Saint-Paul (4e)**

L'opération Paris Respire *a lieu tous les premiers dimanches de chaque mois de 10h à 18h, jusqu'à 19h30 en été.*

Point zéro des routes de France.

Notre itinéraire débute sur le parvis Notre-Dame : c'est ici que se trouve le **point zéro des routes de France** A, matérialisé au sol par une plaque gravée d'une rose des vents. Après avoir dégusté un délicieux latte au **Peloton Café** B, fondé par deux passionnés de cyclisme (voir p. 19), dirigeons-nous vers les 11 et 13, rue François-Miron où se trouvent deux belles **maisons à colombages** C dont on estime qu'elles ont été construites au XIVe siècle. Traversons la rue de Rivoli et rejoignons **la rue du Trésor** D, qui doit son nom à un véritable trésor découvert en 1882 dans les sous-sols de l'hôtel d'Effiat. Quelle surprise pour les ouvriers qui déterrèrent un vase du XIVe siècle contenant 7 822 pièces d'or ! En remontant la rue Vieille-du-Temple puis la rue des Archives, on parvient au **musée de la Chasse et de la Nature** E, installé dans l'hôtel de Guénégaud. Sauvé *in extremis* de la destruction, il fut racheté en 1962 par la Ville de Paris et restauré grâce au mécénat des époux Sommer afin d'accueillir leur immense collection liée à la chasse. Dirigeons-nous vers le **marché des Enfants-Rouges** F. Inauguré en 1615, il est considéré depuis la fermeture des Halles comme le plus vieux marché de la capitale. Quelques rues plus loin, admirons les décors peints sous verre de l'**ancienne boulangerie du 29, rue de Poitou** G. Sous le Second Empire, les commerces

Marché des Enfants-Rouges.

soignaient leurs devantures, affichant la réussite de leurs propriétaires tout autant que leur raison sociale ! À quelques pâtés de maisons, sur l'immeuble du **1, rue du Foin** H, observez le support en ferronnerie accroché sur la façade. C'est un vestige de la première électrification de Paris à la fin du XIXe siècle : il tenait les fils par lesquels la Compagnie parisienne de l'air comprimé fournissait du 110 volts aux habitants du centre et de l'est de la capitale. Avançons vers la splendide place des Vosges, que nous traversons en direction de la Seine. Non loin du square Henri-Galli se dresse la **caserne des Célestins** I, qui abrite la Garde républicaine. À travers le portail, on entrevoit une piste dédiée à l'exercice des quelque 170 chevaux des écuries ! Notre dernière étape est le **Village Saint-Paul** J. Les porches des rues Saint-Paul,

Enceinte de Philippe Auguste.

de l'Ave-Maria, Charlemagne et des Jardins-Saint-Paul mènent à un dédale de cours et de rues intérieures, dans lesquelles se trouvent de jolies boutiques d'antiquités et quelques cafés. En sortant vers la rue des Jardins-Saint-Paul, on aperçoit au fond du terrain de sport une large muraille : c'est un reliquat de l'**enceinte de Philippe Auguste** K. Destinée à protéger la rive droite de Paris, elle fut ordonnée par le roi capétien en 1190. Cette section est la mieux conservée : cachée sous des constructions, elle réapparut en 1946, lorsque les immeubles insalubres qui l'entouraient furent détruits.

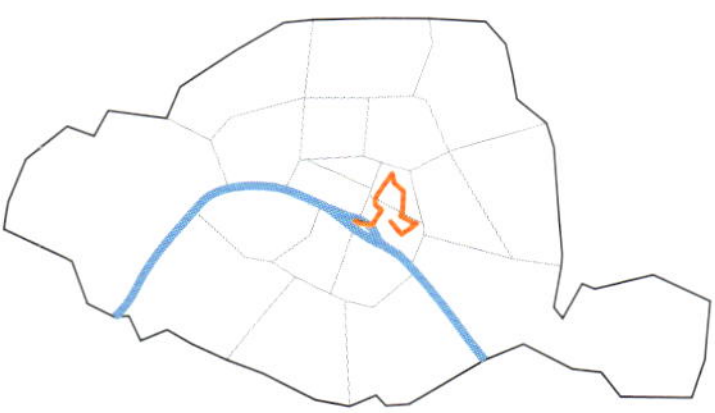

Flashez pour accéder à l'itinéraire et aux étapes

• Pour en savoir plus sur cette thématique : ***Le Marais*** de Danielle Chadych, paru aux éditions Parigramme en 2014.

PARCOURIR LES CHEMINS DE HALAGE DU CANAL DE L'OURCQ JUSQU'À CLAYE-SOUILLY

2h, 31 km

DÉPART : **Quai de Jemmapes (Paris, 10e)**

ARRIVÉE : **Claye-Souilly (77)**

Rendez-vous **quai de Jemmapes** A pour prendre le départ d'une aventure accessible à tous qui nous mènera jusqu'à Claye-Souilly, en Seine-et-Marne, après avoir traversé la Seine-Saint-Denis, le tout sans jamais quitter le superbe chemin de halage qui longe le canal de l'Ourcq. Après le **parc de la Villette** B, la piste cyclable passe sous le périphérique et rejoint la Scandibérique, partie française de l'EuroVelo 3 qui relie Trondheim, en Norvège, à Saint-Jacques-de-Compostelle, en Espagne. Nous voici déjà aux **Grands Moulins de Pantin** C, magnifique exemple de l'architecture des années 1920, en brique blonde du Nord. Ils furent l'une des premières minoteries

Grands Moulins de Pantin.

Parc de la Villette.

de France, qui existe toujours. Réhabilités par les architectes Reichen et Robert, ces moulins abritent aujourd'hui des bureaux. Plus loin, nous passons devant les **Magasins généraux** D, ancien site industriel converti en centre de création par l'agence de communication BETC. Ils sont devenus le symbole du renouveau du quartier : on peut y voir régulièrement des expositions et des concerts. La portion du canal qui longe Bobigny se révèle être un spot de *street art* réputé, où s'enchaînent graffitis et fresques colorées. Petit à petit, le paysage industriel laisse place à une ambiance plus champêtre : nous traversons le **parc de la Bergère** E, à Bobigny. Les aménagements en cours prévoient la création d'une zone de baignade de 4 500 mètres carrés,

qui devrait être inaugurée en mai 2024. Après une dizaine de kilomètres, nous nous engouffrons dans les sous-bois qui mènent au **parc national forestier de la Poudrerie** F. Créée par Napoléon III en 1867, la poudrerie de Sevran-Livry produisait chaque jour près de 30 tonnes d'explosifs ! Le site présentait l'avantage d'être loin de tout centre habité, près du canal et du chemin de fer. Lorsqu'un siècle plus tard on décida de fermer la poudrerie, ses 137 hectares de terrain furent convertis en un

Aux abords du parc de la Poudrerie.

parc arboré, aujourd'hui classé zone naturelle d'intérêt écologique, faunistique et floristique. Postez-vous près de la mare à l'îlot et, avec patience et discrétion, vous arriverez peut-être à apercevoir un héron ou un martin-pêcheur, ce petit oiseau bleu et orangé. Le parc conserve aussi quelques vestiges intéressants des bâtiments de la poudrerie. De là, notre destination n'est plus qu'à une dizaine de kilomètres. À **Claye-Souilly** G, la piste goudronnée laisse place au chemin de halage originel caillouteux : il est temps de faire demi-tour. Pour ceux qui souhaiteraient rentrer en RER, la gare de Mitry-Claye n'est qu'à vingt minutes (RER B jusqu'à gare du Nord, trente minutes).

Flashez
pour accéder à l'itinéraire et aux étapes

S'OFFRIR UNE PARTIE DE CAMPAGNE, DE BELLEVILLE AUX GUINGUETTES DE LA MARNE

2h, 32 km
DÉPART : **Parc de Belleville (Paris, 20e)**
ARRIVÉE : **Noisiel (77)**

Notre excursion débute en haut du parc de Belleville, l'un des plus beaux points de vue sur la capitale. Ici poussent les dernières **vignes de Belleville** A, 140 pieds de pinot meunier et de chardonnay, plantées en hommage aux vignes du clos Guinguet que l'on cultivait sur les pentes de ce qui était alors la commune de Belleville. Un vin blanc aigrelet et bon marché y était produit, le "guinguet", qui donna son nom aux fameuses guinguettes. À la fois cabaret, restaurant et lieu de bal populaire, les premières guinguettes se trouvaient dans Paris, comme celle très fréquentée de la Courtille. Mais vers la fin du XVIIe siècle, elles se déplacèrent sur les bords de Marne afin d'éviter l'octroi, cette taxe appliquée sur les marchandises qui entraient dans Paris. Offrons-nous une belle partie de campagne et, comme les Parisiens de l'époque qui filaient se mettre au vert à bicyclette, descendons la rue des Couronnes et dirigeons-nous vers l'est de la capitale. Sur le boulevard de Belleville, puis de Ménilmontant, nous longeons le village de **Charonne** B, qui fut longtemps un petit bourg peuplé de maraîchers et de vignerons. Ici, la vigne a disparu, mais il en demeure une trace singulière dans la topographie, notamment le long de la bien nommée **rue des Vignoles** C. Passons la place de la Nation puis celle de Picpus et échappons-nous par la porte Dorée. La traversée du **bois de Vincennes** D grâce à la piste cyclable qui mène jusqu'à Joinville-le-Pont porte déjà la promesse d'une belle journée dans la nature ! En sortant du bois, empruntons la route vers le **pont de Joinville** E. Une fois place de Verdun, nous tournons en épingle sur la droite pour rejoindre la rue Charles-Pathé, qui nous permet de reprendre les quais en bord de Marne. Puis continuons sur la rive

Bords de Marne vers Joinville.

Bords de Marne vers Noisiel.

gauche jusqu'aux guinguettes de Polangis dont subsiste la plus célèbre, celle de **Chez Gégène** F. Ouverte en 1918, elle accueillait les Parisiens adeptes du canotage et des plaisirs champêtres . Les bals du samedi et du dimanche après-midi ont toujours lieu, de mi-mai à mi-décembre. (À cette période, il est possible d'emprunter le passeur de rives de Nogent pour se rendre sur la rive droite. Le quai se trouve devant Chez Gégène, et l'embarcation peut contenir dix personnes et trois vélos. Après quelques minutes de navigation, vous arrivez au port de plaisance de Nogent, où vous pouvez louer des bateaux électriques sans permis et des pédalos, à l'heure ou à la demi-journée.)

Flashez pour accéder à l'itinéraire et aux étapes

À partir de Bry-sur-Marne, la Marne devient plus bucolique. Arrêtons-nous pour observer les oiseaux, qui ont fait des îles de la rivière leurs refuges. Après être passé sous le **pont de Bry-sur-Marne** G, prenez à droite avenue de Rigny pour rejoindre le pont et le traverser. De l'autre côté, tournez à gauche et empruntez la rue de Champagne pour regagner les bords de Marne. Continuez tout droit sur les quais du **Perreux-sur-Marne** H jusqu'à l'embranchement du **canal de Chelles** I, qui accueille encore à l'heure actuelle une activité batelière dynamique. Au bout du parcours, à Noisiel, se dresse le charmant **moulin Saulnier** J, qui abritait au XIXe siècle la chocolaterie Menier, encore célèbre de nos jours pour ses publicités. L'édifice est aujourd'hui propriété du groupe Nestlé, qui y a installé son siège (des visites guidées du bâtiment sont régulièrement proposées). Le retour à Paris peut se faire en vingt minutes par le RER A depuis la gare de Noisiel.

Usine Nestlé à Noisiel.

DÉCOUVRIR LA FORÊT ROYALE, DE FONTAINEBLEAU À BARBIZON

1h30, 21 km

DÉPART : **Fontainebleau-Avon (77) - 45 mn en train depuis la gare de Lyon (Paris, 12e)**

ARRIVÉE : **Barbizon (77)**

Embarquons gare de Lyon avec nos vélos : en quarante-cinq minutes, nous voici arrivés à la **gare de Fontainebleau-Avon** A. Démarrons un parcours en forêt, facile d'accès et majoritairement en site propre. Traversons le centre de Fontainebleau jusqu'à la **Faisanderie** B et la première barrière ONF. Le marquage "FB" apparaît au sol, ainsi que des balises vertes sur les arbres et les barrières. Longeons le mur de la Faisanderie jusqu'au **carrefour du Coq**, puis tournons à droite sur la **route forestière Poinsinet**. Empruntons ensuite la **route du Plessis-Mornay** C, fermée par une barrière. Au bout, après avoir traversé la D409, prenons, derrière une autre barrière, la **route du Château**, goudronnée et interdite aux voitures. Nous pédalons dans une futaie plantée sous Napoléon Ier. Après la montée, la route serpente au milieu d'arbres plus jeunes. Passons plusieurs intersections jusqu'au **carrefour des Cépées** D. Traversons la D301 et prenons la route de la Gorge-aux-Néfliers. Attention aux voitures avec lesquelles nous partageons cette section de l'itinéraire ! Nous voici parvenus aux **gorges d'Apremont** E, célèbres pour leurs rochers et la superbe vue sur la forêt. En continuant, la route descend en virage, bordée

Gorges d'Apremont.

La "tête de chien" dans la forêt de Fontainebleau.

de chênes centenaires qui servirent maintes fois de modèles aux peintres de Barbizon. Vous êtes sur la **route de Sully**. Au **carrefour du Bas-Bréau** F, arrêtons-nous à la buvette ! Barbizon n'est plus qu'à un kilomètre. Filons tout droit sur l'**allée des Vaches** – qui tient son nom du bétail autorisé à paître en forêt sous Louis XIV. Nous entrons dans le village pittoresque de Barbizon par la Grande-Rue. Vous y apprécierez ses rues pavées et fleuries, ses galeries d'art et son **musée des Peintres de Barbizon** G, et pourrez déjeuner dans l'un de ses nombreux restaurants. Pour le retour, faites le même trajet en sens inverse puis prenez à droite la route Marie-Thérèse. Dans le virage, quittez la route pour aller tout droit, par le chemin. Vous passez entre deux rochers, dont le plus gros, avec son drôle de museau, est baptisé la tête de chien. Après la barrière, poursuivez sur la même route ; les signes "FB" ainsi que des balises vertes sont peints sur les arbres. Arrivé au carrefour du Chêne-des-Marais, tournez à gauche route des Monts-Girard, puis encore à gauche, un peu plus loin, sur la **route du Cul-de-Chaudron** H, où vous circulez désormais sous une belle futaie. Au bout, vous retrouvez, à droite, le circuit d'arrivée sur le plateau d'Apremont. Continuez tout droit **route du Bouquet-du-Roi** jusqu'au **carrefour de Paris** I, puis au souterrain de la D607,

Ruelle de Barbizon.

pour enfin prendre à droite la route Paul jusqu'au carrefour Louis-Philippe. Une fois celui-ci passé, poursuivez sur la route Louis-Philippe, direction le centre-ville de Fontainebleau. La gare Fontainebleau-Avon se trouve alors à dix minutes.

Flashez
pour accéder à l'itinéraire et aux étapes

FILER SUR LA COULÉE VERTE, DE MONTPARNASSE À MASSY EN PASSANT PAR SCEAUX

1h30, 17 km
DÉPART : **Montparnasse (Paris, 14e)**
ARRIVÉE : **Massy (91)**

La coulée verte du sud parisien, ou promenade des Vallons-de-la-Bièvre – en hommage à la rivière aujourd'hui enfouie – est une balade idéale pour les sorties en famille : ses 14 kilomètres s'effectuent sur une voie paysagère à l'abri de la circulation automobile. Nous partons de la **place de Catalogne** **A**, derrière la gare Montparnasse. Arrêtons-nous un instant sur la place de Séoul, pour admirer la roseraie et l'ensemble d'immeubles imaginés par l'architecte espagnol Ricardo Bofill dans les années 1980. Un peu plus loin, l'église Notre-Dame-du-Travail arbore une superbe armature métallique, qui rappelle l'univers industriel de la fin du XIXe siècle. À partir d'ici, et jusqu'à notre point d'arrivée, le chemin est uniquement composé de pistes cyclables. Enfourchons notre monture et dirigeons-nous vers le sud en suivant la piste.

Flashez
pour accéder à l'itinéraire et aux étapes

Place de Catalogne.

Au niveau de la Petite Ceinture, cette voie ferrée qui faisait le tour de la capitale, nous croisons une ancienne gare. Nous voici vite arrivés à porte de Vanves, à l'entrée de la ville de **Malakoff** **B**. Une grande plaque bleue marque le début de la coulée verte. Cette voie fut aménagée à l'origine pour la ligne de chemin de fer reliant Paris à Chartres, mais la Première guerre mondiale mit

Coulée verte au niveau de Châtillon.

rapidement fin aux travaux, pour le plus grand bonheur des promeneurs d'aujourd'hui... Sur le mur qui nous sépare des voies du TGV Atlantique, on découvre **plusieurs œuvres d'art** C, notamment *Les Bâtisseurs*, réalisée à la fin des années 1980 par Yvette Vincent-Alleaume, composée de céramiques rouges et bleues, suivie par une dizaine de silhouettes en aluminium d'Olivier Descamps. Sous le pont de Châtillon, admirons la *Promenade dans un musée imaginaire* de Béatrice Casadesus. Passons sous le pont et continuons la piste cyclable jusqu'à **Châtillon** D, puis **Bagneux** E. À **Fontenay-aux-Roses** F, prenons la passerelle qui passe sur la voie ferrée jusqu'à Sceaux. On pourra faire une halte pour le déjeuner dans le magnifique **parc de Sceaux** G, et, si le temps nous le permet, visiter le château. C'est aussi l'occasion de visiter la charmante **maison de Chateaubriand** H, dans le domaine de la Vallée-aux-Loups, à 10 minutes de la coulée verte. De retour sur celle-ci, continuons tout droit le long du chemin de fer, pour passer sous la D986. Cette route nous fait entrer en Essonne par **Verrières-le-Buisson** I, connue pour sa majestueuse forêt. Suivez ensuite la signalétique jusqu'à Massy et la **gare RER de Massy-Verrières** J, où un train vous ramènera à Paris en une demi-heure.

Maison de Chateaubriand.

Parc de Sceaux.

Verrières-le-Buisson.

DE MASSY AU CHÂTEAU DE VERSAILLES PAR LA VÉLOSCÉNIE

1h30, 17 km
DÉPART : **Massy (91)**
ARRIVÉE : **Château de Versailles (78)**

Cette balade suit le chemin de la Véloscénie, un itinéraire cyclable qui relie Paris au Mont-Saint-Michel. Après une première étape qui part de la place de Catalogne pour atteindre Massy (voir itinéraire précédent), nous continuons le parcours jusqu'à Versailles. Celui-ci est d'un niveau facile, et la route bien indiquée par des panneaux verts sur fond blanc affichant le logo de la Véloscénie. Juste derrière la **gare de Massy-Verrières** A, rejoignons le rond-point du 19-Mars-1962 qui longe la coulée verte.
À cet endroit, l'itinéraire de la Véloscénie se sépare en deux et nous allons suivre le tronçon qui passe par Versailles. Les trois premiers kilomètres sont agréables et empruntent une piste cyclable à double sens bien protégée. La traversée d'**Igny** B se fait avec un balisage clair mais sur voie partagée pendant deux kilomètres. Le week-end, la circulation y est peu importante, et la plupart des zones routières rencontrées sont des secteurs apaisés (limitation à 30 kilomètres/heure pour les voitures).
À Bièvres, effectuons un petit détour en prenant la **rue du Petit-Bièvres** C, pour rendre hommage à Juliette Dodu, héroïne de la guerre entre la France et la Prusse (1870-1871) qui vécut

Rives de la Bièvre.

Place de l'église à Jouy-en-Josas.

dans cette rue. Passons devant la gare, puis engageons-nous dans la rue des Prés, qui longe la Bièvre. Ce secteur est très vert et agréable, et entièrement réservé aux circulations douces. Nous arrivons à **Vauboyen** D, et filons à travers champs sur une belle piste cyclable qui rejoint le centre de **Jouy-en-Josas** E. Juste avant la gare, vous passerez devant la plaque commémorant l'ancienne manufacture. Aujourd'hui disparue, elle fut l'une des plus grandes réussites préindustrielles, de la fin du XVIIIe siècle jusqu'au début du XIXe. Jusqu'à 1 300 ouvriers y ont travaillé à la création et à la fabrication de toiles imprimées, ornées de nombreux motifs. Jouy-en-Josas offrait tout le nécessaire au succès de l'usine : la Bièvre, en contrebas, apportait l'eau des bains de teinture, les prairies de la vallée étaient idéales pour étendre les toiles, et, avec la proximité de Versailles et de Paris, la clientèle était toute trouvée. Vous pourrez visiter le passionnant **musée de la Toile de Jouy** F, installé dans l'ancienne maison d'un marchand de toiles entre Jouy-en-Josas et Les Loges-en-Josas. Il possède une belle collection de 8 000 pièces d'époque. Rejoignons ensuite la piste qui longe la D446 pour arriver à la gare de Petit-Jouy-Les-Loges. À ce niveau, une bifurcation vous permet de gagner

Parc du château de Versailles.

celle de Versailles-Chantiers. De là, deux kilomètres vous séparent du **château de Versailles** G et de son superbe parc. Si vous décidez de rester sur l'itinéraire principal, celui-ci vous mènera jusqu'au Mont-Saint-Michel après 420 kilomètres !

Flashez
pour accéder à l'itinéraire et aux étapes

EXPLORER LES SENTIERS DE LA FORÊT DE RAMBOUILLET

1h30, 22 km

DÉPART : **Rambouillet (78), 35 mn en train depuis la gare Montparnasse (Paris, 14e)**

ARRIVÉE : **Gare de Montfort-l'Amaury - Méré (78)**

D'immenses chênaies et hêtraies, de multiples étangs, des zones sableuses et des vallons encaissés : la forêt de Rambouillet, dont la superficie est égale à celle de Paris, s'étend sur 14 000 hectares ! Les pistes cyclables de la forêt, gérées par l'Office national des forêts, sont nombreuses et parfaitement balisées. Nous avons choisi de suivre l'itinéraire cyclable qui conduit de la **gare de Rambouillet** A à celle de Montfort-l'Amaury - Méré. La piste débute au nord de Rambouillet, à trois kilomètres de la gare. Pour nous y rendre, empruntons la rue de la Prairie, puis la rue de la Louvière, la rue du Petit-Parc et la rue Chasles jusqu'à la place Félix-Faure. Ici commence l'allée qui nous mènera jusqu'au **château de Rambouillet** B, ancienne forteresse médiévale peu à peu transformée en demeure de plaisance par ses illustres propriétaires – parmi eux, Louis XVI, Napoléon Ier ou encore plusieurs présidents de la République... Outre le château, ne manquez pas de visiter la **laiterie de la reine** C, petite folie architecturale d'inspiration gréco-romaine construite par Louis XVI pour Marie-Antoinette en 1786. On y venait aussi, comme dans un bar, boire un verre de lait dans

Château de Rambouillet.

une superbe salle en marbre de Carrare, inspirée du Panthéon de Rome. Du château, l'allée de l'Inspection nous mène à la **route forestière du Coupe-Gorge** **D** qui entre tout droit dans la forêt. Le dépaysement est immédiat ! Au croisement de la route de la Croix-Saint-Jacques débute la piste cyclable de l'ONF, une belle allée bordée de fougères qui serpente sous les hautes futaies de chênes et de pins. Impossible de vous perdre, il n'y a qu'à suivre la signalétique qui vous conduira jusqu'à Montfort-l'Amaury. Au kilomètre 7, au **carrefour de la Croix-Vilpert** **E**, nous croisons un obélisque surmonté d'une croix. Celle-ci, probablement restaurée à l'époque de Charles X, signalait un lieu de rendez-vous, par exemple pour un départ de chasse à courre. Elle tient son nom du bois voisin de Vilpert, un ancien fief de la seigneurie de Rambouillet. Après une descente rapide, prenons à droite pour faire une halte aux **étangs de Hollande** **F**, lieu idéal pour un pique-nique au bord de l'eau ! L'été, la baignade est surveillée, et l'on peut louer des pédalos. Continuons sur la piste cyclable, dont la fin traverse des zones de régénération de la forêt et est beaucoup plus ensoleillée. Au kilomètre 17, la piste s'achève. Les trois kilomètres restant jusqu'à **Montfort-l'Amaury** **G** se font sur une route sans voiture. Avec ses ruelles étroites, ce village verdoyant a attiré des écrivains, des artistes et des musiciens célèbres, comme Maurice Ravel, qui y vécut à partir de 1921. On y trouve aujourd'hui boutiques branchées et restaurants de charme.

Forêt de Rambouillet à l'automne.

Village de Montfort-l'Amaury.

Flashez
pour accéder
à l'itinéraire
et aux étapes

ADMIRER PARIS, DE LA TOUR EIFFEL À LA FORÊT DE MEUDON

2h, 24 km
DÉPART : **Tour Eiffel (Paris, 7e)**
ARRIVÉE : **Observatoire de Paris (Meudon, 92)**

Pont de Bir-Hakeim.

Attention, cet itinéraire est réservé aux sportifs ! Au départ de la **tour Eiffel** A, suivons la Seine puis traversons le **pont de Bir-Hakeim** B, en profitant de la vue sur la "Dame de fer" et l'île aux Cygnes. Longeons la rive droite du fleuve jusqu'à la **maison de la Radio** C et la rue du Ranelagh, qui file tout droit jusqu'au **bois de Boulogne** D. La route des Lacs passe devant la cascade et les lacs. Franchissons la Seine par la **passerelle de l'Avre** E – il faut tenir son vélo à la main –, ce qui nous permet d'apprécier la vue sur les tours de la Défense. En longeant le fleuve, nous voici arrivés au **parc de Saint-Cloud** F, dessiné par Le Nôtre. Il offre des panoramas d'exception sur la capitale, dont un particulièrement dégagé depuis la **terrasse de La Lanterne** G, à quelques centaines de mètres de la **Cité de la céramique de Sèvres** H. Celle-ci comprend les ateliers de la manufacture de Sèvres et le musée national de la Céramique

Cité de la Céramique de Sèvres.

Forêt de Meudon.

de Sèvres. Ce dernier conserve une collection de près de 50 000 pièces, associant des chefs-d'œuvre de toutes les époques et de tous les pays à des créations de la manufacture. Ne manquez pas les salles consacrées aux faïences et céramiques contemporaines. Continuons sur les chemins de halage des berges de la Seine. Nous arrivons à la route qui monte de façon assez abrupte vers Meudon et sa fameuse terrasse. Courage, après l'effort, le réconfort ! La vue sur Paris et sa région est d'une beauté à couper le souffle.

Vue de la terrasse de l'observatoire.

C'est ici, aux portes de la forêt de Meudon, plus grand massif forestier des Hauts-de-Seine, qu'est installé depuis 1667 l'**observatoire de Paris** **I**, ancien château de Louis XIV, et haut lieu d'astronomie depuis le règne du Roi-Soleil. Ici démarre l'un des plus beaux itinéraires de la **forêt de Meudon** **J**, la balade dite des Trois-Étangs, un circuit de 13 kilomètres aux abords des étangs de Villebon, Meudon et Chalais qui entremêle virée en forêt, observation des oiseaux et découvertes astronomiques. À faire de préférence à pied, pour mieux contempler la faune.

Flashez
pour accéder
à l'itinéraire
et aux étapes

EXPLORER LES TROIS FORÊTS, DE LA PORTE DAUPHINE AUX ÉTANGS DE VILLE-D'AVRAY

1h30, 17 km
DÉPART : **Porte Dauphine (Paris, 16e)**
ARRIVÉE : **Étangs de Ville-d'Avray (92)**

Cet itinéraire relie l'ouest parisien à Ville-d'Avray, en traversant le bois de Boulogne, le domaine national de Saint-Cloud et la forêt de Fausses-Reposes, soit près de 2000 hectares d'espaces verts à cheval entre le 16e arrondissement, les Hauts-de-Seine et les Yvelines. Un itinéraire loin des voitures et accessible à tous. Notre balade débute **porte Dauphine** A. Dirigeons-nous vers le **bois de Boulogne** B : ancien terrain de chasse coutumier des rois de France, c'est depuis le XVIIIe siècle une promenade à la mode. Longeons les lacs, puis pédalons à travers le bois jusqu'aux **jardins du musée Albert-Kahn** C. Ces quatre hectares de jardins thématiques sont une petite pépite de verdure. Le musée départemental situé à l'entrée, restauré par l'architecte Kengo Kuma, abrite la passionnante collection de photographies autochromes d'Albert Kahn, banquier, philanthrope et grand voyageur. Franchissons la Seine sur le pont de Saint-Cloud et descendons vers le **domaine national de Saint-Cloud** D, témoin de l'évolution de l'art des jardins depuis plus de quatre siècles. Ses jeux d'eau spectaculaires sont hérités des XVIIe et XVIIIe siècles (voir itinéraire précédent). Remontons jusqu'à la fontaine de la Grande Gerbe et continuons notre chemin sur la grande allée de Marnes, pour rejoindre le **chalet de Combleval** E, un ancien

Jardins du musée Albert-Kahn

Flashez pour accéder à l'itinéraire et aux étapes

relais de chasse devenu café solidaire. De la terrasse du café, on aperçoit les animaux de la ferme pédagogique du Piqueur. De là, l'allée de la Porte-Verte file vers **Marnes-la-Coquette** F, que nous traversons jusqu'aux premiers chênes et châtaigniers de la **forêt de Fausses-Reposes** G. Dirigeons-nous ensuite vers les **étangs de Ville-d'Avray** H, immortalisés par le peintre Camille Corot, qui s'installa non loin début XIXe. Le Vieil Étang date de la fin du Moyen Âge, et servait de réserve de pêche. L'Étang Neuf, plus grand, a été créé par le duc d'Orléans pour alimenter les fontaines et les jeux d'eau du château de Saint-Cloud tout proche. Le parcours peut se prolonger jusqu'au **domaine de Versailles** I, puis jusqu'à la **forêt de Marly-le-Roi** J à une quinzaine de kilomètres.

Domaine national de Saint-Cloud.

Étangs de Ville-d'Avray.

SUIVRE LES IMPRESSIONNISTES, DE PARIS À AUVERS-SUR-OISE PAR L'AVENUE VERTE LONDON-PARIS

5h, 72 km
DÉPART : **Notre-Dame (Paris, 4e)**
ARRIVÉE : **Auvers-sur-Oise (95)**

Cette escapade sur les bords de la Seine et de l'Oise mérite d'être faite en deux étapes. Deux options s'offrent à vous : passer la nuit dans une chambre d'hôte en milieu de parcours, ou rentrer dormir à Paris en prenant le RER A à Maisons-Laffitte (vingt-trois minutes jusqu'à Châtelet-Les-Halles). Notre point de départ : le **point zéro des routes de France** A, sur le parvis de la cathédrale Notre-Dame. Empruntons le boulevard du Palais puis celui de Sébastopol et la rue de Turbigo vers le nord de Paris, jusqu'à République. Traversons la place : au bout de la rue du Faubourg-du-Temple commence la piste cyclable qui borde le canal Saint-Martin, une voie verte qui nous permettra de sortir de Paris. Continuons le long du bassin de la Villette jusqu'au canal Saint-Denis. De la gare de Saint-Denis jusqu'à Gennevilliers, nous suivons la piste aménagée près du tramway T1. Passons sous la gare pour rejoindre **L'Île Saint-Denis** B puis la rive gauche de la Seine, et franchissons le port de Gennevilliers. C'est le point noir de l'itinéraire, car il obstrue la Seine et nous oblige à la contourner en parcourant une zone industrielle partiellement cyclable. À partir du pont de Bezons, nous voici sur un espace adapté aux piétons et aux cyclistes, la **"promenade bleue"** C, qui longe les berges de Seine. Le décor des impressionnistes commence déjà à prendre forme : aménagée sur

Canal Saint-Martin.

Pont de Chatou.

l'ancien chemin de halage, la promenade sillonne d'abord le parc Pierre-Lagravère, avant d'arriver au parc du Chemin-de-l'Île, un espace innovant de 14 hectares conçu par Guillaume Geoffroy-Dechaume. Le paysagiste a imaginé des bassins, des collines de verdure et un mobilier urbain contemporain, comme ces confortables "nids-cabanes" et ces toiles d'araignée en corde. Nous gagnons ensuite le parc des Impressionnistes, avant de traverser l'**île des Impressionnistes** D. Passons sur le **pont de Chatou** E qui enjambe le fleuve, en direction de l'église Notre-Dame. Nous voici à Croissy-sur-Seine. En chemin, admirez les jolies villas de la fin du XIXe siècle : chalet suisse, palais des Mille et Une Nuits, villa palladienne... Nous atteignons Maisons-Laffitte, où le parcours devient champêtre. Roulons à travers la **forêt domaniale de Saint-Germain-en-Laye** F, qui nous mènera vers Conflans-Sainte-Honorine, fière cité batelière qui marque le confluent de l'Oise et de la Seine (ne manquez pas son passionnant musée de la Batellerie). À partir de **Neuville** G, l'itinéraire emprunte des allées et voies cyclables aménagées près de l'Oise. Puis, au niveau de l'**île de loisirs de Cergy-Pontoise** H, l'avenue verte London-Paris se sépare en deux branches. Suivons celle qui passe par **Pontoise** I jusqu'à **Auvers-sur-Oise** J, notre point d'arrivée. Célèbre pour avoir accueilli Van Gogh à la fin de sa vie, le village a gardé son charme d'antan : vous passerez devant la maison

Maison pittoresque à Auvers-sur-Oise.

du docteur Gachet (ouverte à la visite), l'église, le château... et l'auberge Ravoux, où Van Gogh avait élu domicile. Les plus téméraires pourront pousser l'aventure jusqu'à Londres (se renseigner sur avenuevertelondonparis.com) ! Le retour à Paris peut se faire en train depuis Auvers-sur-Oise (ligne H du Transilien).

Flashez
pour accéder à l'itinéraire et aux étapes

Index

INDEX ALPHABÉTIQUE

INDEX GÉOGRAPHIQUE

Crédits photographiques

Toutes les photographies sont © Laura Matesco, © Shutterstock ou proviennent des établissement cités.

Édition : Mathilde Kressmann
Relecture-correction : Cécile Rémy, Eugénie Michel et Coralie Manant
Direction artistique et couverture : Isabelle Chemin

ISBN : 978-2-37395-174-5
Dépôt légal : avril 2022
Achevé d'imprimer en UE en mars 2022